MACROECONOMÍA
DIGITAL Y TRADICIONAL

MACROECONOMÍA
DIGITAL Y TRADICIONAL

TEORÍA Y ANÁLISIS

JUÁREZ MONTER

Número de Control de la Biblioteca del Congreso de EE. UU.:   2022912061
ISBN: Tapa Blanda   978-1-5065-3697-2
             Libro Electrónico   978-1-5065-3698-9

Información de la imprenta disponible en la última página.

Fecha de revisión: 06/07/2022

Para realizar pedidos de este libro, contacte con:
Palibrio
1663 Liberty Drive, Suite 200
Bloomington, IN 47403
Gratis desde EE. UU. al 877.407.5847
Gratis desde México al 01.800.288.2243
Gratis desde España al 900.866.949
Desde otro país al +1.812.671.9757
Fax: 01.812.355.1576
ventas@palibrio.com
829357

Dedicatoria: Logan Juárez Cruz.

Con cariño y mucho amor;
el presente libro,
es un pequeño homenaje
al nacimiento de mi tercer
generacion.

La cuarta revolución industrial;
una revolución logaritmica.
Juárez Monter.

Ciudad de México, 2022.

El trabajo presentado por el maestro José Anselmo Juárez Monter constituye un abordaje a la macroeconomía digital desde diversos puertos de análisis. A partir de un interesante andamiaje interdisciplinario se deshilvanan conceptos económicos, sociológicos y jurídicos resaltando su impacto y efectos a nivel social y cultural. La cuidada propuesta metodológica —la cual contempla aspectos descriptivos, explicativos, así como una evaluación por unidad— permiten una aproximación, tanto a quienes se acercan por primera vez a la comprensión y análisis del entorno macroeconómico, como a las y los estudiosos y críticos de dicho fenómeno

Adrián Castillo
Maestro en Derecho

ÍNDICE

4

Funcion economica del estado 57

5

6

7

PRÓLOGO

Vivimos tiempos convulsos, ciclos económicos críticos, derivados, en parte, muy importante, por la pandemia del COVID-19, así como por la ciclicidad de las economías capitalistas, ocasionando con ello, paros productivo, altos niveles de desempleo de todos los medios de producción productiva, principalmente de mano de obra, tierra, y cápita, más no de la tecnología, este último factor de producción, es el factor de producción que ha experimentado proceso de impulso disruptivo en toda dirección, a través de nuevas aplicaciones para todo tipo de dispositivos móviles y fijos, desarrollo en nuevas tecnologías robotizadas o sami robotizadas, creación y desarrollo de diversos valores fiduciarios, como las criptomonedas, una explosión en sistemas de marketing digital, es decir, una serie de oportunidades tecnológicas que vislumbran un proceso de crecimiento exponencial en la economías nacionales y global (ley dialéctica de la contradicción antagónica), no obstante, estos y aún más oportunidades de desarrollo tecnológico, también, es un caldo de cultivo para enfrentar serias amenazas, como el robo de la identidad, seguridad cibernética (inseguridad digital), protección al consumidor digital, entre otras amenazas; la cuarta revolución industrial, ofrece, en principio un proceso vertiginoso en proceso productivos y la necesidad del desarrollo de un marco normativo que regule, adecuadamente, la existencia de tecnologías disruptivas, en materia de derechos humanos, garantías individuales, comercio electrónico y real, sistemas financieros, procesos productivos, vamos, en todo el ciclo económico, así, la presente obra, tiene esa misión, ser una ventana que nos ayude a dimensionar estos cambios. Éste, es resultado de 10 años de trabajo docente, no obstante, perfectible.

Ofrecemos, con todo respeto, este primer intento por dimensionar el impacto que ha generado, a nivel macroeconómico la cuarta revolución industrial, es evidente que dicho impacto, tiene sus efectos a nivel meso-meta, y microeconómico, por el momento, nos enfocamos, a nivel agregado.

José Anselmo Juárez Monter.

1

INTRODUCCIÓN CONTEXTUAL AL ANÁLISIS MACROECONÓMICO1 DIGITAL

La presente edición, tiene por objetivo, incorporar a la teoría y análisis Macroeconómico, elementos conceptuales y empíricos asociados al desarrollo tecnológico emblemáticos, definido como 4ta. Revolución Industrial. Así, presentamos 10 capítulos en los que a partir de un método de análisis deductivo, intentamos explicar el origen etimológico, histórico, teórico y técnico de los principales conceptos, y definiciones en el campo de la macroeconomía, así, intentamos vincular, estos, al factor tecnológico actual. En este orden de ideas, iniciamos nuestra exposición, incorporando en la introducción una exposición histórico/conceptual de lo que es y estudia la macroeconomía en general y su vínculo con la tecnología datificada y digital (la primera, opera en un entorno digital, mientras que la segunda, vive exclusivamente del procesamiento de datos), en pocas palabras, generación de *"cadenas de valor"*[2]; en el Capítulo II analizamos la conformación estructural de macroeconómica a partir del modelo teórico la Frontera de Posibilidades de Producción (FPP), permitiendo, así, desarrollar en el Capítulo III en el que exponemos conceptos macroeconómicos relevantes, como lo son el Producto Interno y Nacional y sus agregados conceptuales relevantes, mientras que en Capitulo IV explicamos las principales funciones económicas del Estado, así, en el Capítulo V desarrollamos los temas referentes a la demanda y oferta del dinero, sin pasar por alto la existencia

---

[1]   Se le atribuye al economista noruego Rangar Frisch (1895-1973), como el primer economista en utilizar el concepto de macroeconomía y econometría, ganador del premio nobel en conjunto con el economista neerlandés Jea Timbergen en 1969, La OCDE publico Instrumentos el documento titulado Jurídicos sobre la Política de la Economía Digital (2016).

[2]   Ley General de Economía Datificada y entorno Digital; GIAO (2021).

de los "bitcoin" (criptomonedas)[3], mientras que en el Capítulo VI explicamos el desempleo y los diferentes tipos de inflación, dándonos paso a la apertura comercial hacia el exterior, por lo que en el Capítulo VII analizamos un tema relevante, Comercio Internacional, obligándonos necesariamente, a explicar en el Capítulo VIII, algunas teorías sobre crecimiento y desarrollo económico, mientras que en el Capítulo IX lo reservamos para desarrollar un tema relevante en el sano desenvolvimiento económico y comercial, y nos referimos a *Compliance*; cumplimiento normativo y sanas prácticas comerciales, mientras que en el Capítulo X desarrollamos la temática referente al Derecho Económico. En anexos, proponemos una serie de cuestionarios a resolver por capítulo/Unidad temática, así como una serie cuadros sinópticos que intentan explicar de una manera esquemática cada una de las etapas económicas por las que hemos transitado en un contexto internacional.

En este orden de ideas, consideramos que la Innovación, el desarrollo, la evolución, y el cambio, al que consideramos como un cambio permanente en todas direcciones, y ante esta realidad tan dinámica, hoy, en día, es necesario dimensionar la gran importancia económica, tecnológica, operativa y cultural (clima y cultura organizacional), que está generando el funcionamiento de la *economía digital*, y su impacto a nivel macroeconómico desde la óptica de la cuarta revolución industrial[4], en virtud de que la *Economía digital*[5] *ofrece una serie de oportunidades, ventajas, fortalezas y amenazas en diversas vertientes, no obstante, su entendimiento, asocia una serie de inquietudes pragmáticas; por ejemplo el grado*

---

[3]   https://www.infobae.com/economia/2021/06/29/marcha-atras-con-el-bitcoin-en-el-salvador-expertos-advierten-que-es-una-medida-peligrosa-para-la-estabilidad-del-pais/

[4]   Revolución digital que inicio en los años noventa, se intensifico a mediados de la misma década en los Estados Unidos, producto de la *masificación de internet*, y la explosión de los negocios *"puntocom" en los mercados bursátiles y que afínales de los años noventa comenzara a expandirse a economías más dinámicas, en sectores económicos de alto valor agregado como economías de la Gran Bretaña y Europa* (Rincón de Parra: 2007, pág. 188).

[5]   También conceptualizada como: nueva economía, economía informacional, economía en red, y economía electrónica, para efector prácticos, el T-MEC firmado entre México, Canadá y lo Estados Unidos lo incorpora como "Comercio digital", en su Capítulo 19.

de la ciberseguridad[6], el impacto que puede tener los ciberataques, e incluso el cibercrimen[7] (uso de cadena de bloques), transferencia de riesgos (al consumidor final), instrumentos internacionales de protección al consumidor en mercados digitales, la protección de datos (celebrar acuerdos de confidencialidad) y transferencia de información confidencial, gobernabilidad del internet (conducir acertadamente las prácticas de comercio electrónico en el ámbito nacional e internacional), protección a las garantías individuales, derechos humano digitales, cuantificación del producto electrónico, valor agregado digital, y el pago de impuestos generado en transacciones digitales, establecimiento de mecanismos o medios de defensa y la resolución de conflictos cibernéticos(Juárez, A. 2016), así como la constitución de esquemas normativos que las regulen, y le den viabilidad económica, social, y cultural, entre otras interrogantes; hay materia de estudio, análisis y reflexión empírica.

Así, con el siguiente enunciado, entenderemos la *Economía digital*; es toda actividad productiva (producción, comercialización, distribución y consumos) de bienes o servicios realizados a través del uso de la infraestructura en telecomunicaciones de redes de banda ancha, de las tecnologías de la comunicación y la información, software, hardware, y aplicaciones digitales, utilizados, por los individuos, las empresas y el gobierno, al interactuar en mercados digitales, y agregaríamos, generación de *valor, cadenas productivas de valor.* (GIAO, et.al abril 2021). En este orden de ideas, daremos contexto, a nuestro desarrollo teórico-empírico.

Así, la macroeconomía, en su perspectiva analítica y diseño de políticas públicas, tanto como en su enfoque y proyección teórico, es relativamente joven, nace y se desarrolla en los albores del siglo XX, en esta época los economistas[8] se ocuparon de cuestiones como el crecimiento de la economía, trabajando en hipótesis que

---

6   Pertinencia de datos (proporcionar datos no sensibles), que no expongan por ningún medio, información que pudiera poner en peligro la integridad personal (información personal, financiera, biométrica, acústica, etc.), uso de datos biométricos, geolocalización.

7   El alcance delictivo del cibercrimen, se encuentra configurado como un delito muy grave, mismo que es desarrollado en internet y las redes sociales.

8   Estudio de los ciclos económicos, derivado de la teoría monetaria (Keynes, Fisher, y Modingiali).

conducirán al equilibrio general y utilización de los factores de la producción en pleno empleo (utopías económicas; en realidad son supuestos analíticos, ceteris paribus); desde entonces, la economía mundial, no había vivido un episodio de profunda crisis y parálisis internacional, derivado de una pandemia internacional[9] declarada por la Organización Mundial de la Salud (OMS) el 11 de marzo del 2020, lo vivido y quienes vivimos este momento, podemos afirmar, empíricamente, la dinámica macroeconómica[10], comportamiento de una psicosis social (economías nacionales) desequilibrios permanentes en los precios en los energéticos, comoditis (productos genéricos, básicos, sin mayor diferenciación entre sus variedades) en general, de todos los mercados (reales[11] y financieros). Este episodio de nuestra vida económico-social, en una dimensión internacional, ha sido un caldo de cultivo para el desarrollo disruptivo de un proceso conocido como *"Economía digital" (cuarta revolución industrial).Así, partiendo de nuestro método de análisis deductivo, damos inicio, a partir de nuestra realidad disruptiva, misma que solo es posible bajo ciertas condicionantes tecnológicas: 1.- Infraestructura en telecomunicaciones en redes de banda ancha (fibra óptica, y una red eléctrica robusta, lo ideal), determinan la conectividad nacional e internacional las redes de acceso local, los puntos de acceso público y su conectividad 2.- convergencia en internet, Tecnologías de la Información y Comunicación (TICs) (software y hardware, aplicaciones digitales), que generan valor agregado a las empresa, estimulando la producción, generando, a su vez, una mayor competitividad y 3.-personas (entes económicos, o usuarios finales, individuos, empresa y gobierno) que acceden a estos nuevos mercados, a los que confluyen mercancías en torno a los precios asignados y su valor agregado. Así, damos contexto*

---

[9]   "El director general de la Organización Mundial de la Salud (OMS), Tedros Adhanom Ghebreyesus, ha informado de que tras los elevados casos de contagio del nuevo coronavirus se ha pasado a calificar de pandemia el brote. En rueda de prensa,... Tedros ha informado de que el número de casos de Civid19 en las últimas dos semanas se ha multiplicado por 13 fuera de China, epicentro del brote de coronavirus"

[10] No dejamos de lamentar la perdida de familiares y amigos, vecinos y conocidos, personalidades públicas y de a pie, en todo el orbe, en nuestro país, al momento de escribir estas líneas han perdido la vida más de 203 mil persona (El financiero, 2021, abril).

[11] Producción de bienes y servicios.

a nuestro desarrollo teórico, partiendo de una realidad empírica en permanente innovación y evolución. La Economía digital, ha detonado eficiencia, eficacia, competitividad, crecimiento, e innovación y desarrollo productivo... ¿Esto, mejorara las condiciones sociales y en qué medida se disminuirá la brecha de desigualdad social en la economía nacional?, ¿Qué papel cumple el realizar buenas prácticas comerciales, en la economía digital?, entre otras interrogantes.

En este contexto analítico, podemos afirmar que la teoría macroeconómica tiene como fundamento analítico al Estado, y las cuestiones que oscilan en procesos de intercambios internacionales (por ejemplo el tratado comercial de américa del norte T-MEC, firmado por México, Canadá y los Estados Unidos de Norte América), el proceso de acumulación del estado mercantil y los sistemas monetarios nacionales e internacionales. Para conservar la connotación de economía política provino del periodo mercantil, son temas clásicos de diversidad de progreso y riqueza de las naciones, las variaciones del *valor* de la moneda, los papeles del gobierno, la distribución del ingreso agregado y el tema más importante la tentativa inicial para comprender como se obtenían el equilibrio del sistema económico (visión cíclica de la macroeconomía).

En este orden de ideas, por ejemplo, la economía marxista profundizo en temas como la circulación, la reproducción y la acumulación del capital social, la producción global de la sociedad y su distribución, las tendencias a largo plazo del sistema capitalista liberal y la determinación histórica de las crisis de grandes proporciones (Siglo XIX).

Mientras que la teoría macroeconómica fue de mayor influencia en el siglo XX con la gran influencia de la economía keynesiana. Así, la gran recesión de los años 30´provoco el desempleo más grave de toda la historia económica (hasta ese momento histórico), una gran interrogante el nivel general del empleo, lo que hacía fluctuar los niveles de producción y de empleos globales.

En la actualidad, para efecto de análisis, la macroeconomía se desenvuelve en dos grandes conjuntos: el sistema de contabilidad social y el análisis de macro variable, por ejemplo la producción y consumo nacional, distribución del ingreso, empleo, paro de los factores de la producción (desempleo), entre otros, las finanzas públicas, la economía monetaria, la economía internacional y las teorías de crecimiento y desarrollo forman parte de este apasionante universo.

Los sistemas de cuentas nacionales proporcionan los datos exigidos para comprender y elaborar los modelos sobre la realidad macroeconómica, las palabras y expresiones claves que empleamos en la macroeconomía son agregadas, conjunto totalizados, niveles generales y esquemas globales[12] vinculados con nuestra realidad social.

1.1 ANÁLISIS MACROECONOMICO DIGITAL Y TRADICIONAL

Los valores fiduciarios digitales conocidos como *bitcoin (moneda digital, criptomodenas),* son producto del gran desarrollo en materia digital, el potencial de *cadenas de bloque[13] (blockchain[14] registro consensuado y distribuidos en varios nodos de una red, es decir, almacenamiento de información inalterada de forma intacta y segura, si esta se resguarda cifrada, puede conservar su confidencialidad),* como fue mencionado en la introducción, permite realizar transacciones sin ninguna parte confiable (OCDE, 2017: res. eje. en español). El *bitcoin* opera de manera independiente, sin ningún respaldo financiero, o institución financiera nacional o internacional, sin ningún banco central que respalde su *valor fiduciario,* carece de normatividad regulatoria. Así, las cadenas de

---

[12]   Es recomendable visitar las biblioguias de la Comisión Económica para América Latina y el Caribe (CEPAL).

[13]   https://www.welivesecurity.com/la-es/2018/09/04/blockchain-que-es-como-funciona-y-como-se-esta-usando-en-el-mercado/

[14]   Stuart Haber y W. Scott Stornetta, publicaron en 1991, su primer su primer cadena de bloques asegurada criptográficamente, y no es sino hasta 2008 cuando surgen los *bitcin.*

bloque, crea oportunidades en muchas áreas, como el financiero, y el público, la educación, la salud y el internet de las cosas (IoT), dada su incremento en la demanda en diversos mercados digitales, su proyección es geométrica a nivel internacional. La relevancia de los *blackchain*, radica en la verificación, validación, rastreo y almacenamiento de todo tipo de información; certificados digitales, servicios de mensajería y logística, contratos inteligentes, dinero y transacciones financieras (welivetsecurit.com 2021: abril). La revolución será geométrica (La Revolución Geométrica: afirmación propia).

Así, el análisis del entorno macroeconómico es vital para saber en qué condiciones de soporte compite una empresa nacional con otras del mundo, o en qué condiciones se desarrollan los negocios en un sector de la economía del país comprada con otros sectores nacionales e internacionales, niveles de precios, inflación, tipo de cambio, tasas de interés, precio de los energéticos, subvenciones, entre otros.

La capacidad para competir de las empresas es vital, ya que ella señala la posibilidad de tener un desarrollo sostenido, una generación de empleo permanente y una contribución al desarrollo de los países. En el pasado se pensaba que los recursos naturales eran suficientes para generar recursos para el desarrollo, estos recursos o ventajas comparativas en un mundo globalizado, son fácilmente copiados y mejorados por los competidores, de modo que su sostenibilidad o permanencia son discutibles.

La prosperidad y el desarrollo de una empresa o un grupo de empresas dependen del nivel de productividad y competitividad. La productividad es la generación de más bienes o productos, con el mejor o menor uso posible de los recursos, lo que garantiza un continuo bajo costo unitario.

La competitividad puede definirse como la capacidad de diseñar, producir y comercializar bienes y servicios, mejores y/o más baratos que los de la competencia; es decir la competitividad no se hereda, no depende de la coyuntura económica es la capacidad para usar con eficiencia e innovar permanente la mano de obra los recursos naturales y el capital y actualmente la tecnología productiva.

Las ventajas de la competitividad, se determinan por la habilidad de una empresa o grupo de empresas de innovar y mejorar continuamente sus productos, procesos y servicios, esta ventaja nace fundamentalmente del valor que una empresa es capaz de dar a sus compradores.

Una empresa debe buscar continuamente, una posición competitiva favorable en un ciclo industrial o sectorial, tratando de establecer una posición provechosa y sostenible contra las fuerzas que determinan la competencia en el sector industrial. Dos cuestiones importantes que sostiene la elevación de la estrategia competitiva.

Atractivo de los sectores: el mercado consumidor o las condiciones básicas para el desarrollo de negocios con éxito, por ejemplo infraestructura, infraestructura tecnológica.

Determinantes de una posición competitiva relativa dentro de un sector industrial:

Condiciones para competir dentro del sector, por ejemplo innovación y otros.

La competitividad de las naciones no se explica concluyentemente con sus habilidades naturales y su dotación de factores de producción, tipo los recursos naturales. Más importante parecen resultar variables tales como la iniciativa empresarial, inversión en el capital humano, investigación científica y desarrollo experimental, economías de escala, "aprender haciendo" y otras que podrían explicar más comprensivamente el comercio Intra industrial (Entre sectores).

Otras variables, además del precio y la dotación estadística de factores de producción, parecen influenciar el comportamiento del comercio. De esta forma los factores macroeconómicos y microeconómicos se perciben como dimensiones complementarias de la competitividad.

La competitividad de la economía nacional desde esa perspectiva, se construye sobre la competitividad de las empresas que operan en su interior, sin embargo la competitividad de una nación es mucho más que el simple resultado del promedio de cada empresa. Existen muchos factores de la economía nacional que pueden afectar la competitividad de las empresas, estos factores abarcan una serie de fenómenos económicos institucionales que se relacionan con la unidad de la economía del país, lo cual representa para las empresas las **"externalidades"** o sus **"economías o des economías"**. La competitividad de la empresa refleja obviamente las exitosas prácticas gerenciales, pero también la eficiencia de la estructura productiva de su economía nacional y las acertadas políticas que influyen las variables económicas nacionales.

La construcción de la ventaja competitiva nacional se basa en cuatro características que constituyen el ambiente en el cual compiten las empresas.

Situación de los factores: Constituyen los factores de producción necesarios para competir en determinada industria, incluyen factores que contribuyen al crear un clima de negocios propicios en un país. Tenemos el transporte, la educación, las telecomunicaciones, los mercados de capitales y otros.

Condiciones de la Demanda: Es decir, el tipo de demanda nacional de los productos o servicios de una industria. El nivel de exigencia de los consumidores en cuanto a calidad, servicio post venta, durabilidad de los productos y otros. Esto facilita que las empresas identifiquen su área de especialización y que tengan una presión constante para mejorar.

Industrias relacionadas y apoyo: Referido a la presencia o ausencia en el país de industrias proveedoras e industrias correlacionadas competitivas en el ámbito nacional o internacional. Cuando las empresas tratan de hacer todo sin interrelación, se pierde una parte muy importante de la sinergia, que hace competitiva a una actividad productiva.

Estrategia de la empresa, estructura y competencia: Se refiere a las condiciones nacionales que rigen la creación, organización y administración de las compañías y modalidades de competencia a nivel nacional, una rivalidad entre las empresas locales en un país prepara para la competencia global y crea un clima propicio a la inversión extranjera y nacional, al mostrar un ambiente de negocios competitivo, transparente y con reglas del juego interesantes a largo plazo.

Adicional a estas variables, unimos los roles del gobierno en materia de rector de las políticas nacionales macroeconómicas, sociales, además de los factores de incertidumbre, que toda empresa debe manejar, para adaptarse a los cambios no previstos del entorno, hoy, la implementación de *Compliance*, administración de riesgos corporativos, es una herramienta que, además de agregar valor a las organizaciones productivas y operar dentro del marco normativo nacional y convenios internacionales, así como de normas internacionales estandarizadas[15], agregan valor a las empresas, en virtud de que son aceptadas por la sociedad consumidora de bienes y servicios. (Afirmación propia).

Los países con mayor probabilidad de triunfar en la industria o sectores industriales son donde estas características son un sistema de refuerzo mutuo, el defecto de una de estas depende del estado de las demás.

1.1.1 ¿QUÉ ES MACROECONOMIA?

La macroeconomía es la rama de la economía encargada del estudio global de la economía en términos del monto total de bienes y servicios producidos, el total de los ingresos, el nivel de empleo, de recursos productivos, y el comportamiento general de los precios. La macroeconomía puede ser utilizada para analizar cuál es la mejor manera de influir en objetivos políticos como por ejemplo hacer crecer la economía, estabilidad de precios, empleo y la obtención de una sustentable balanza de pagos. La macroeconomía por ejemplo, se enfoca en los fenómenos que afectan las variables

---

[15]   ISO/DIS 37301:2020 Sistema de Gestión del Compliance (abril, 2021).

indicadoras del nivel de vida de una sociedad, distribución del ingreso nacional, empleo de los factores de la producción (trabajo, capital, tierra, y tecnología). Además objetiva más al analizador la situación económica de un país propio en el que vive, permitiendo entender los fenómenos que intervienen en ella.

La macroeconomía es el estudio del comportamiento agregado de una economía, es decir, es la suma de todas las decisiones del individuo, las familias y las empresas individuales de la economía, viendo su comportamiento de estas como un todo, oferta y demanda agregada.

El enfoque básico de la macroeconomía es, entonces, la observación de las tendencias globales de la economía (teoría de los agregados), utilizando variables fundamentales como la producción total el nivel general de precios, empleo y desempleo, tasa de interés, tasa de salario, tipos de cambio y comercio internacional y las formas en que estas varían con el tiempo y lugar.

Un aspecto importante en la macroeconomía, es que las políticas de gobierno, en particular, las políticas monetarias y fiscales ejercen efectos profundos sobre las tendencias globales, ya sean a través de la producción, los precios, el comercio internacional y el empleo, surgiendo así la controversia entre cuál de estas es la óptima a usar para un mejor funcionamiento de la economía.

1.1.2 MICROECONOMIA DIGITAL CONTRA MACROECONOMIA DIGITAL

MICROECONOMIA DIGITAL Y TRADICIONAL.

Hoy, se ha intensificado el uso de los mercados digitales, a través diversos medios de acceso; dispositivos móviles, pagina web, entre otros. Estas son sus características:

- las unidades individuales de la economía, como el consumidor de la empresa, consideradas aisladamente o en agrupaciones homogéneas.

- comportamiento del consumidor: la búsqueda de la satisfacción máxima (dada su restricción presupuestaria) y otras motivaciones.
- el comportamiento de la empresa: la búsqueda de la utilidad máxima (dada las estructuras de costo la actuación de competencia) de los cierres y otras motivaciones.
- la estructura y los mecanismos de funcionamiento de los mercados. Las conformaciones básicas de la oferta y la demanda, considerados microscópicamente.
- Las funciones y las imperfecciones de los mercados en la localización exacta de los recursos escasos de la sociedad y en la generación de los productos destinados a satisfacer las necesidades conceptuadas como ilimitadas.
- Los sueldos y los salarios pagados a quienes participan en el proceso productivo y el consecuente reparto funcional del ingreso social.
- Los precios de las unidades que generan cada uno de los bienes y servicios que conforman al producto social.
- El enlace entre costos y beneficios privados y el interés mayor del bien común.
- El tema de Ciberseguridad en el teletrabajo, y la regulación de actividades laborales, cobran una importancia trascendental. Se inicia con una ola de protección y derivado de ello, una escalada en proceso de normatividad jurídica en la materia, es decir, el riesgo de poner en riesgo el *know how*, e información sensible de la empresa.

MACROECONÓMIA DIGITAL Y TRADICIONAL.

- El comportamiento de la economía en su conjunto, considerado agregada mente. La unidad de la referencia es el todo resultado, no sus partes consideradas individualmente.
- El desempeño total de la economía. Las causas y los mecanismos correctivos de las grandes fluctuaciones coyunturales. Los altibajos de la economía en su conjunto.
- Los agregados económicos, resultantes de mediciones globales, de los que son ejemplos el producto interno bruto (PIB) y el ingreso nacional, ósea, respectivamente, la suma

de todos los bienes y servicios finales productivos dentro de las fronteras de determinado país y el ingreso apropiado por el conjunto de todas las unidades participantes en el proceso económico.

- Las relaciones entre macro variables. Por ejemplo, las conexiones entre el nivel de las inversiones y el nivel de empleo de todos los recursos.
- Medidas de tendencia central, como las tasas de interés y cambiarias, así como sus influencias sobre el desarrollo de la economía en su conjunto.
- Variables de flujo variables estáticas calculadas para la economía considerado de manera agregada. Flujos agregados, por ejemplo, el ingreso, el consumo, el ahorro y la acumulación. Variables estáticas agregadas, por ejemplo, los medios de pago las reservas de divisas internacionales.
- La comercialización internacional de bienes y servicios, vistos en su conjunto. Los flujos totalizados de los movimientos internacionales de capitales. El registro y la contabilización de esos movimientos, posibilitando configuraciones como la balanza internacional de pagos.
- Las finanzas públicas. Los impuestos recaudados por todas las esferas de gobierno. El gasto público, corriente y de inversión. El ejercicio presupuestal el equilibrio de las cuentas públicas.
- Las grandes disfunciones de la economía. Cuestiones globales, agregados, como la inflación y el desempleo.
- El crecimiento y el desarrollo de las economías nacionales. La determinación de los principales factores condicionantes.
- Los indicadores básicos para efectuar comparaciones internacionales sobre el desarrollo total de las economías nacionales, como los niveles de producto y de ingreso, los esquemas de productividad y de competitividad.
- La Economía digital, no es ajena a todas estas consideraciones macroeconómicas. Sus fundamentos económicos no cambian, solo se adaptan al desarrollo tecnológico digital.

- Uso intensivo de infraestructura de redes de banda ancha, tecnologías de la información y la comunicación, software, hardware, aplicaciones digitales e individuos, empresas y organismos gubernamentales.

1.1.3 POLITICA Y ECONOMIA POLITICA[16]

POLÍTICA[17]

Es una actividad orientada en forma ideológica a la toma de decisiones de un grupo para alcanzar ciertos objetivos. También puede definirse como el ejercicio del poder para la resolución de un conflicto de intereses. La utilización del término ganó popularidad en el siglo V a.C., cuando Aristóteles desarrolló su obra titulada justamente "Política".

Los sistemas políticos de la antigüedad eran generalmente absolutistas ya que todo el poder era ocupado por una única persona. En Grecia, existían también algunas polis donde se practicaba una democracia parcial y existían asambleas.

El esquema político experimentó un cambio importante tras la Revolución Francesa y la constitución de los Estados Unidos, con lo que se instauraron regímenes con características democráticas, donde la toma de decisiones responde a la voluntad general, la consagración de los derechos humanos, y las garantías individuales, comenzaron a cobrar importancia legal, y sus alcances económicos, no se hicieron esperar.

Existen múltiples vertientes de las teorías e ideologías políticas (política económica y economía política), que pueden resumirse en dos grandes grupos: las políticas de izquierda (como el socialismo científico, bajo el principio, a cada quien según sus necesidades y el

---

[16]   La Economía Política, estudia cómo, desde el Estado Nacional, se planifica la producción, distribución, intercambio, y consumo de mercancías, bienes y servicios de intercambio (Diccionario de Economía, Planeta: 2010).

[17]   Del griego, *politike*, arte, doctrina, u opinión referente al gobierno de los Estados (Larousse, Pequeño, pág. 820)

comunismo científico, segunda fase del socialismo real, que postula, a cada quien, según sus necesidades), los postulados económico-políticos planteados por Karl Marx (y los marxistas), inoperantes en la economía real, no obstante, se destaca aquellos postulados relacionados principalmente a la igualdad social, y las políticas de derecha (como el liberalismo, neoliberalismo, y el conservadurismo), que defienden el derecho a la propiedad privada y al libre mercado.

LA POLÍTICA ECONÓMICA[18]

También llamada economía aplicada o normativa.

Es la estrategia que formulan los gobiernos para conducir la economía de los países. Esta estrategia usa ciertas herramientas para obtener unos fines o resultados económicos específicos.

Las herramientas utilizadas se relacionan con las políticas fiscal, monetaria, cambiaria, de precios, de sector externo, etc. La política monetaria, por ejemplo, a través de las decisiones sobre la emisión de dinero, puede generar efectos sobre el crecimiento y dinamización económica, la inflación o las tasas de interés; la política fiscal, a través de las determinaciones de gasto público e impuestos, puede tener efectos sobre la actividad productiva de las empresas y, en últimas, sobre el crecimiento económico. La política comercial, o de comercio exterior, tiene efectos sobre los ingresos del Estado y, de esta forma, sobre el gasto que éste mismo hace, etc.

En general, la intervención del Estado se puede dar de muchas formas, sin embargo, fundamentalmente, tiene el propósito de modificar el comportamiento de los sujetos económicos a través de incentivos, estímulos, beneficios tributarios, etc., o de prohibir o limitar las acciones de estos sujetos.

---

[18]   La Política Económica, son las facultades que el Estado Nacional, tiene consagradas en su carta magna, y que establecen las directrices en el corto y mediano plazo, en diversos instrumentos normativos.

Aunque en algunas ocasiones los objetivos buscados, al ser muchos, pueden ser contradictorios, debe existir una coordinación e integración entre las diferentes políticas, de tal forma que se produzcan los resultados esperados.

Los resultados buscados pueden ser en el corto y en el largo plazo. Los fines de corto plazo buscan enfrentar una situación actual; es decir, una coyuntura económica actual, por lo tanto, las medidas son coyunturales. Las medidas de largo plazo buscan otros tipos de finalidades, las cuales pueden afectar la estructura económica de un país, por lo tanto, son medidas estructurales. Las medidas de corto plazo buscan enfrentar temas como el desempleo, la inflación, etc., mientras que las medidas de largo plazo pueden ser, por ejemplo: incentivar el desarrollo de un sector específico de la economía (agricultura, industria, etc.), buscar una mejor distribución del ingreso, etc., todos ellos procesos que llevan tiempo para desarrollarse y que, en general, buscan el bienestar de los habitantes del país.

Economía digital.

Economía digital y convencional (tradicional).

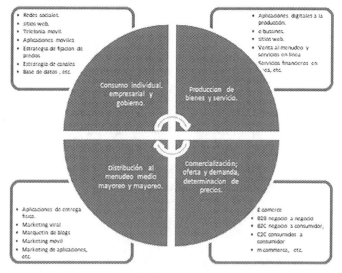

Fuente: Elaboración propia.

La realidad, es que la explicación, desarrollo, y perspectivas de la Economía digital (Ed), es propia del desarrollo y aplicación a los negocios, tecnología y sus impacaciones social.

Los tres pilares de la Economía digital.

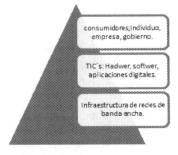

consumidores;individuo, empresa, gobierno.

TIC's: Hadwer, softwer, aplicaciones digitales.

Infraestructura de redes de banda ancha.

Fuente: Elaboración propia.

En todo el proceso económico, para la economía digital, oscila en la *conectividad* a internet, en todas y cada una de las etapas del proceso económico, y su interface con la economía convencional o tradicional. Al referirse a la conectividad, nos estamos refiriendo a la existencia de una infraestructura tan robusta que permita la emisión de radio frecuencias (sin importar el medio de emisión), el uso de equipos, hardware, con sistemas operativos actualizados, software, y aplicaciones que le permitan, acceder y realizar la selección del bien o servicio a comprar, y el individuo, empresa o ente gubernamental que demande mercancías en medios digitales.

1.1.4 ECONOMÍA POSITIVA Y ECONOMÍA NORMATIVA

ECONOMÍA NORMATIVA

Se vincula con la ética, analizando cómo se cumplen las funciones que tiene asignadas, basándose este análisis en un juicio de valor. La economía normativa es subjetiva, analiza cómo debería ser.

La economía positiva es objetiva, en cambio, la economía normativa es subjetiva. Se enfoca en el funcionamiento del sistema económico sin tomar en cuenta factores externos.

ECONOMÍA POSITIVA

Analiza la economía con base a reglas fijas. Quien sepa lo que es el positivismo pensara en el ideal matematizaste y el monismo metodológico. Básicamente, la economía positiva no abre juicios de valor, si no que estudia la integración y composición del mecanismo económico. Y como es...

La economía positiva estudia qué es. Busca explicar cómo los hechos se unen, busca formular y comprobar teorías que expliquen relaciones entre los factores económicos.

EJEMPLOS

Economía positiva

- Se analiza la crisis financiera actual y se concluye que el tipo de cambio del dólar respecto al euro bajará (o subirá) el p% y, además, que el tipo de interés interbancario será del i% a medio plazo.
- Se determina la evolución más probable de las cantidades y precios en el mercado del petróleo durante los próximos 10 años.

Economía normativa

- Se reforma la constitución y se define el objetivo social del país.
- Se diseñan un conjunto de instituciones y políticas para alcanzar un objetivo social (un óptimo, si se quiere) predeterminado.

1.1.5 EL INDIVIDUA FRENTE A LA SOCIEDAD

Los individuos se enfrentan a disyuntivas entre distintos objetivos, el coste de cualquier acción se mide oportunidades perdidas, las personas comparando los costes y los beneficios marginales, los individuos cambian de conducta en respuesta a los incentivos.

Las lecciones fundamentales sobre las interacciones entre las personas son las siguientes: el comercio puede ser mutuamente beneficioso, los mercados pueden ser un buen mecanismo para coordinar los intercambios entre las personas y el estado puede mejorar los resultados de los mercados si este tiene algún fallo o si los resultados no son equitativos.

Las lecciones sobre la economía son las siguientes: la productividad es la fuente.

Última de los niveles de vida el crecimiento del dinero es la fuente última de la inflación.

La sociedad se enfrenta a una disyuntiva o intercambio a corto plazo entre la inflación y el desempleo.

- **La violencia está aumentando**
- **El petróleo presenta variaciones significativas (precio y producción)**
- **Los recursos son escasos**

Esto es más que nada como los individuos se enfrentan a los cambios de la sociedad como va cambiando los comportamientos así los recursos que suben de precio y cambian.

EVALUACIÓN UNIDAD I

Subraya la respuesta correcta en cada una de las preguntas

1.- ¿QUÉ ESTUDIA LA MICROECONOMÍA?

a) El comportamiento de hogares, empresas y gobiernos individuales; las opciones que escogen; y su interacción en mercados específicos.
b) Es la parte de la economía encargada del estudio global de la economía
c) Es el estudio de la economía

2.- DEFINE MACROECONOMÍA

a) es la rama de la economía que estudia el comportamiento de agregados, por oposición a la microeconomía
b) Es la parte de la economía encargada del estudio global de la economía en términos del monto total de bienes y servicios producidos, el total de los ingresos, el nivel de empleo, de recursos productivos, y el comportamiento general de los precios.
c) Conjunto de normas jurídicas que implementan derechos y otorgan obligaciones

3.- MENCIONA 3 DIFERENCIAS DE C/U ENTRE LA MICROECONOMÍA Y LA MACROECONOMÍA

MICROECONOMIA

MACROECONOMIA

4.- ¿QUÉ ES LA POLÍTICA ECONÓMICA?

a) Es el resultado que dan los gobernantes.
b) Es la relación del estado con particulares
c) Es la estrategia que formulan los gobiernos para conducir la economía de los países. Esta estrategia usa ciertas

herramientas para obtener unos fines o resultados económicos específicos.

5.- DEFINE LA ECONOMÍA POSITIVA

a) Estudia cómo es que ocurren los fenómenos económicos.
b) Es aquella que estudia lo bueno del dinero
c) Se encarga del estudio de la microeconomía

6.- CITA UN EJEMPLO DE LA ECONOMÍA NORMATIVA

a) Establece el código mercantil
b) Se reforma la constitución y se define el objetivo social del país.
c) Aplicación de una iniciativa de ley

7.- EXPLICA BREVEMENTE CÓMO REACCIONAN LOS INDIVIDUOS FRENTE A LA SOCIEDAD

a) Mediante conflictos personales
b) a través de manifestaciones
c) Los individuos se enfrentan a disyuntivas entre distintos objetivos, el coste de cualquier acción se mide oportunidades perdidas, las personas comparando los costes y los beneficios marginales, los individuos cambian de conducta en respuesta a los incentivos.

8.- ¿QUÉ ES LA PRODUCTIVIDAD?

a) Es la generación de más bienes o productos, con el mejor o menor uso posible de los recursos, lo que garantiza un continuo bajo costo unitario.
b) La producción de autos
c) Rama de la macroeconomía que sirve para la instalación de partes automáticas.

9.- ¿CUÁLES SON LAS CARACTERÍSTICAS QUE CONSTITUYEN EL AMBIENTE EN EL CUAL COMPITEN LAS EMPRESAS?

a) Situación de los factores, Condiciones de la Demanda, Industrias relacionadas y apoyo, Estrategia de la empresa, estructura y competencia.
b) Animales
c) Fabricas

10.- ¿POR QUÉ ES SUBJETIVA LA ECONOMÍA NORMATIVA?

a) Porque analiza cómo debería ser.
b) porque menciona lo que es
c) por que dice lo que cada persona quiere.

Explica con tus palabras que entiendes por economía digital, cuáles son sus fundamentos y qué importancia tiene actualmente en tu vida cotidiana y para nuestra economía nacional.

Actividades complementarias, para el aprendizaje significativo.

Desarrolla un ensayo corto (5 cuartillas) sobre la economía digital y su marco normativo en tu país.

Realiza una encuesta entre tus compañeros, explorando, la importancia que tiene en sus vidas la economía digital (comercio electrónico) y como lo viven actualmente.

2

PROBLEMAS ECONÓMICOS

2.1 LA ORGANIZACIÓN ECONÓMICA GENERAL

EL SECTOR PRIMARIO

Las actividades más representativas del sector primario son: la agricultura, la ganadería, la pesca, la minería y la silvicultura.

La revolución industrial redujo la necesidad de tanta fuerza de trabajo (intensiva en mano de obra). Permitió el aumento de la productividad. Los capitales, la fuerza de trabajo y las mercancías excedentes se invirtieron en la industria.

El segundo aumento de la productividad en la agricultura y ganadería fue la revolución verde. Los países desarrollados son autosuficientes en los productos básicos de su dieta y sólo acuden a los bienes del Tercer Mundo cuando son artículos de lujo.

En los países desarrollados el sector primario ocupa cada vez a menos población activa y tiene un peso menor en el PIB.

EL SECTOR SECUNDARIO

El sector secundario abarca a la industria y a todas las actividades de transformación de la materia prima en un bien de equipo (producción de medios de producción) y bienes de consumo.

El sector industrial se caracteriza por la concentración geográfica de la producción, buscando ventajas comparativas y de localización, y la de la población. Surgen las grandes ciudades y las regiones industriales, y las regiones especializadas. Aparece la necesidad de crear mercado más amplio. El transporte va a tener un papel fundamental.

Se distinguen tres tipos básicos de industria, la industria pesada, la industria de equipo (mediana) y la industria ligera.

Las nuevas tecnologías han hecho aumentar la productividad en la industria. Las tareas automatizadas permiten realizar el mismo trabajo con menos obreros y en menos tiempo.

EL SECTOR TERCIARIO

El sector terciario se dedica a ofrecer servicios a la sociedad, a las personas y a las empresas. Su labor consiste en proporcionar a la población todos los productos disponibles en el mercado.

Gracias a ellos tenemos tiempo para realizar las múltiples tareas que exige la vida en sociedad: producir, consumir y ocupar el tiempo de ocio.

Actualmente es el sector que más contribuye al PIB y el que más población activa ocupa, llegando hasta el 90% en países pequeños y ricos.

Durante los años 80 también se ha producido un aumento espectacular de la productividad en los servicios, gracias a las nuevas tecnologías y sobre todo a la informática.

No es exclusivo de los países ricos, sino que también del Tercer Mundo. La diferencia está en que en él no hay industria que sostenga el desarrollo.

LA ESTRUCTURA DEL CONSUMO

La estructura del consumo depende del nivel de renta del que disponga una familia y de la oferta del mercado. En la sociedad de consumo de masas, es el instrumento imprescindible para sostener el sistema económico capitalista. Este incremento de las rentas supone que se dedique un menor porcentaje a la alimentación, el vestido, la vivienda y las necesidades básicas, y que se aumente el gasto en el equipamiento del hogar, tecnológico, el automóvil, el ocio, etc.

CARACTERÍSTICAS DE LAS ORGANIZACIONES ECONÓMICAS.

Las organizaciones económicas son entidades diseñadas y creadas por las personas a través de las cuales se pretende alcanzar fines individuales y colectivos.

La organización de máximo nivel es el Sistema Económico en conjunto. El sistema económico es también una creación humana, y muchos de los problemas con que se enfrentan las organizaciones más pequeñas y formales existen en el conjunto de la economía.

En el nivel de complejidad inferior se sitúan las entidades que más comúnmente se consideran como organizaciones:

- Sociedades anónimas
- Empresas familiares
- Sindicatos
- Instituciones estatales
- Universidades
- El resto de organizaciones formales

Una forma útil de considerar los límites que definen a una organización es en términos del concepto de **"Funcionalidad Autónoma",** en el sentido de que la organización se encuentra esencialmente libre de toda intervención externa en sus asuntos y decisiones, sobre los que goza entonces de una amplia capacidad discrecional.

En el análisis de cómo nacen las organizaciones, cómo se estructuran, como funcionan y cómo se distribuye entre ellas la actividad económica, se parte de la premisa lógica de que las personas que dirigen y componen las organizaciones intentarán ser eficaces y eficientes en el diseño de las mismas y en la organización y gestión de sus actividades.

2.2 FRONTERA DE POSIBILIDAD DE PRODUCCIÓN.

Frontera de posibilidades de producción (FPP) Curva que muestra todas las combinaciones de dos bienes que se pueden producir con los recursos y la tecnología con que se cuenta en la actualidad. Es un modelo teórico, que nos permite analizar, tres escenarios; a.- operar eficientemente (no hay recursos ociosos con la mejor tecnología), b.- Operar ineficientemente (desempleo de factores de la producción y tecnología deficiente), y c.- operar a niveles de eficiencia inalcanzable, esto, bajo el supuesto del uso de los diferentes factores de la producción y el uso de un nivel determinado de tecnología.

¿QUÉ ES LA FPP?

Es un modelo económico, principalmente es un gráfico que muestra el conjunto de la combinación de todas las posibilidades que hay para desarrollar la máxima producción de bienes y servicios, tomando en cuenta los factores de producción de que dispone y la tecnología de producción que pueden utilizar las empresas para convertir estos factores en producción también se toman los siguientes factores como determinantes a la hora de producción:

- Tierra
- Trabajo
- Capital
- Tecnología

La Frontera de posibilidades de producción muestra la disyuntiva o intercambio a la que se enfrenta la sociedad, entre la producción de diferentes bienes en un determinado momento, pero esta disyuntiva puede variar con el paso del tiempo. El avance tecnológico aumenta un conjunto de oportunidades de la sociedad, teóricamente, la realidad, es otra, y está en función de esquemas eficientes de distribución de la renta al conjunto de la sociedad.

Como los recursos son escasos no todos los resultados concebibles son viables. Independientemente de cómo se repartan los recursos entre las dos industrias, la economía no puede producir la cantidad de x productos y productos, la economía no tiene simplemente una cantidad suficiente de los factores de producción para mantener ese nivel de producción. Con los recursos de que dispone, puede producir en cualquier punto situado en la frontera de posibilidades de producción o por debajo de ella, pero no puede producir en los puntos situados por encima (¿esto es verdad?).Bien, partamos del hecho de que es un modelo teórico, y en el ámbito económico, es relevante aislar la realidad de todas sus vicisitudes para estar en condiciones de aislar, teóricamente, las variables de análisis relevantes, así, partimos de la combinación de los diferente factores de la producción, para poder medir cuantitativamente, su posibilidades productivas, en una economía x.

La FPP simplifica una compleja economía con el fin de poner de relieve algunas ideas básicas, pero fundamentales: la escases, la eficiencia, las disyuntivas, el coste de oportunidad y el crecimiento económico.

Dado esto, se puede observar que existen 3 situaciones en las cuales se encuentra una sociedad:

La "ineficiente" es la cual se encuentra por debajo de la FPP, en que las combinaciones de los factores productivos no utilizan todos los recursos que se pueden, o donde la tecnología no es la necesaria sino inferior.

La "eficiencia" es la cual se encuentra en la FPP, es decir que son todas las combinaciones de los factores productivos en donde se utilizan todos los recursos y las tecnologías necesarias.

La **"inalcanzable"** es la cual se encuentra por encima de la FPP, es decir que son todas las combinaciones en donde se utilizan factores productivos y tecnológicos mayores que las existentes en la sociedad.

Estos puntos son teóricos, ya que no se pueden producir por encima de la capacidad máxima de un país.

LA FPP TIENE UNA FORMA DECRECIENTE Y CÓNCAVA

Decreciente por el hecho de que se tiene que dejar de producir algún bien para poder producir más de otro.

Cóncava porque el valor al que se renuncia de un bien para producir una unidad del otro va incrementando.

Los puntos A y B son "ineficientes"

El punto C es "eficiente"

El punto D es "inalcanzable"

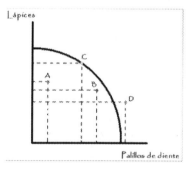

EVALUACIÓN UNIDAD II

Subraya la respuesta correcta en cada una de las preguntas

1.- ¿A QUÉ SECTOR PERTENECE LA AGRICULTURA, LA GANADERÍA, LA PESCA, LA MINERÍA Y LA SILVICULTURA?

a) Sector primario
b) Sector Secundario
c) Sector Terciario
d) Sector Económico

2.- ¿CUÁLES SON LOS TRES TIPOS BÁSICOS DE LA INDUSTRIA Y A QUÉ SECTOR PERTENECEN?

a) Sector Primario
  - Trabajo
  - Mercancías
  - Minería
b) Sector secundario
  - Pesada
  - De Equipo
  - Ligera
c) Sector Terciario
  - Productos
  - Consumo
  - Tiempo
d) Sector Industrial
  - Material
  - Mano de Obra
  - Capital

3.- ¿QUÉ SECTOR CONTRIBUYE AL PIB?

a) Sector terciario
b) Sector Agrario y Secundario
c) Sector de Industria Mediana.
d) Sector Económico Financiero Mexicano

4.- ¿MENCIONA 3 ENTIDADES QUE SE CONSIDERAN ORGANIZACIONES ECONÓMICAS?

a) Sociedades Anónimas, Sindicatos y Universidades.
b) Guapo. De Porristas, Empresa, Soc. De alumnos.
c) Sindicatos, Asociación de Taxistas, Organización Financiera.
d) Comandita, Organización Lineal y Sistema Burocrático

5.- ¿CUALES SON LOS FACTORES DE PRODUCCIÓN?

a) Tierra, trabajo, capital, tecnología.
b) Capital, Hombre, Inversión y Agricultura.
c) Tecnología, Capital e Invención
d) Trabajo, Tiempo y Costos

6.- ¿QUE ACONTECIMIENTO REDUJO LA NECESIDAD DE LA FUERZA DE TRABAJO, PERMITIÓ EL AUMENTO DE LA PRODUCTIVIDAD, LOS CAPITALES Y FUERZA DE TRABAJO?

a) Siglo de las luces
b) Revolución industrial
c) Capitalización
d) Aumento de sueldos

7. ¿QUÉ DEPENDE DEL NIVEL DE RENTA DEL QUE DISPONGAN LAS FAMILIAS Y LA OFERTA DEL MERCADO?

a) La estructura del consumo
b) PIB
c) La demanda
d) La estructura de la oferta

8.- ¿SON ENTIDADES DISEÑADAS Y CREADAS POR LAS PERSONAS A TRAVÉS DE LAS CUALES SE PRETENDE ALCANZAR FINES INDIVIDUALES Y COLECTIVOS?

a) organizaciones financieras
b) organizaciones morales

c) organizaciones económicas
d) organizaciones de gobierno

9.- ¿CUÁL ES LA ORGANIZACIÓN DE MÁXIMO NIVEL?

a) El Sistema Económico en conjunto
b) El sistema de gobierno
c) El sistema financiero en conjunto
d) El sistema macroeconómico

10.- ES UN MODELO ECONÓMICO, PRINCIPALMENTE ES UN GRAFICO QUE MUESTRA EL CONJUNTO DE LA COMBINACIÓN DE TODAS LAS POSIBILIDADES QUE HAY PARA DESARROLLAR LA MÁXIMA PRODUCCIÓN DE BIENES Y SERVICIOS

a) PIB
b) FPP
c) FPD
d) PIB y FPP

Actividades complementarias:

Desarrollar un ensayo corto, máximo, 5 cuartillas.

1.- ¿En qué medida consideras que se pudiera eficiente la curva de posibilidad des de producción, si se agregan variables de producción como las buenas prácticas y eliminación de la corrupción, lavado de dinero, evasión de impuestos, y el soborno? ¿Esto es posible?

2.- ¿Consideras que la implementación de normas internacionales de estandarización (ISO´s), normas de transparencia comercial son importantes para eficientes fronteras de producción?

3

PRODUCTO E INGRESO NACIONAL

3.1 MEDICION DEL PRODUCTO NACIONAL Y EL IMPACTO DE TECNOLOGIAS DIGITALES

Debemos conocer cuáles son los elementos más importantes o más significativos, que nos indicarían la forma en que el sistema se desarrolla, se estanca o se retrasa. Dentro de ellos el más importante es el Producto Nacional. Este lo podemos definir como:

La suma de todos los bienes y servicios finales producidos en un país, en un periodo determinado que son vendidos pero no revendidos, a los precios que existen en el mercado.

La primera parte de la definición (para que un bien sea incluido en el producto final, debe ser producido en el periodo actual) obviamente excluye las ventas de cualquier bien usado, tales como casas y automóviles, que no hayan sido producidos en dicho periodo. También se excluye cualquier transacción en la que el dinero sea transferido sin que se proporcione a cambio un bien o servicio. Ejemplos de transferencias son donaciones, seguro social, regalos.

La segunda parte de la definición (los bienes incluidos en el producto final, un bien no debe ser revendido en el periodo actual) los bienes y servicios producidos en la economía son utilizados en dos formas diferentes. Algunos bienes, como el trigo, son utilizados principalmente como ingredientes en la producción de otros bienes, en este caso el pan. Cualquier bien revendido por su comprador en vez de ser utilizado directamente lleva el nombre de bien intermedio. El opuesto de un bien intermedio es un bien final, que es aquél que no es revendido. El pan que se vende en una panadería es un bien final, y es utilizado por los consumidores, como cualquier otra cosa que el consumidor compre directamente.

Después de tener clara la definición del Producto Nacional Bruto, que nos indica el resultado global del proceso de producción de un país, encontraremos la forma que podemos obtenerlo o medirlo. Para medir el producto nacional podemos utilizar tres métodos; Su impacto, básicamente oscila en la infraestructura de negocios (tecnología, hardware, software, aplicaciones, redes en telecomunicaciones), disminuir los costos de los factores de producción (trabajo y capital), reducir los tiempos de entrega y disminución de inventarios, todo ello redunda en un crecimiento del producto nacional, se estima, por encima del 20% (ONU, JUNIO 2020).

- método del valor agregado o de la producción
- método del ingreso
- método del gasto

OBJETIVOS DE LA MEDICIÓN

La contabilización del ingreso Nacional y del producto interno bruto permite medir el nivel de producción de la economía en un año específico y explicar las causas de que esté en uno u otro nivel, igualmente al comparar varios años, permite definir se está creciendo, decreciendo o está en un proceso de estancamiento, con base en lo cual, los gobiernos diseñan y aplican políticas económicas. Por otra parte, permite la comparación entre diversos países y en períodos diferentes.

P.N.B. real = P. N. B. **nominal**
$$\frac{}{\text{Deflactor Implícito del Producto}}$$

Existen **dos maneras o aproximaciones** para medir el producto nacional:

a) **Gastos monetarios** (sobre los bienes y servicios de consumo).

b) **Ingresos monetarios** (pagos a los factores de producción).

El **P. N. B.** mide el valor de mercado de los bienes y servicios finales producidos en un periodo dado por los factores de producción de propiedad nacional.

Al tomar en cuenta el fenómeno inflacionario en la medición del P. I. B. y del P. N. B. deberemos distinguir los siguientes conceptos:

a) **Producto Interno Bruto Nominal** y el **Producto Nacional Bruto Nominal.**

b) **Producto Interno Bruto Real** y el **Producto Nacional Bruto Real.**

3.1.1 PRODUCTO NACIONAL BRUTO

El producto nacional bruto es el valor total del ingreso que perciben los residentes nacionales en un período determinado de tiempo.

Si al producto interno se le descuenta la parte correspondiente a lo producido por los extranjeros en el país y se le adiciona la parte producida por los nacionales fuera del país, se le denomina Producto Nacional.

Por lo tanto el producto nacional bruto es el valor de todos los bienes y servicios finales producidos en un periodo determinado con los factores de producción generados por lo que son propiedad de los nacionales aunque dichos factores estén fuera del territorio nacional.

El **producto nacional bruto** (abreviado **PNB**), actualmente conocido como **Ingreso Nacional Bruto** (abreviado **INB**) o también como **producto bruto nacional**, es un baremo utilizado en economía para calcular el volumen económico de un territorio.

El PNB mide el ingreso de los residentes en la economía, sin importar si el ingreso proviene de la producción interna o de la producción exterior.

A diferencia del producto geográfico bruto que contabiliza la producción generada dentro del País, el PNB mide la producción generada por los factores productivos de propiedad de residentes del País.

Por lo tanto, el PNB es equivalente al PIB + los ingresos netos por factores de producción recibidos del extranjero.

EJEMPLO: La renta de un ciudadano colombiano producida en estados unidos hace parte del producto nacional bruto, pero no del producto interno bruto.

Visto desde otro ángulo los beneficios ganados por empresas multinacionales que operan en el país, sus actividades productivas en Colombia forman parte del producto interno de nuestro país y del producto nacional del país de origen.

Si PNF es el pago neto a los factores nacionales recibidos del extranjero (igual a los ingresos de residentes nacionales por ganancias en el exterior, préstamos fuera del país y remesas de trabajadores, menos los ingresos de los extranjeros en la economía interna), entonces:

PNB=PIB+PNF

Cuando el PNB es mayor que el PIB, significa que los factores nacionales de producción operando en el exterior ganan más que los factores externos de producción operando en la economía nacional, en caso contrario el PIB es mayor que el PNB; en el caso de Colombia el PIB es mayor que el PNB, lo que indica que es mayor lo que producen los extranjeros en el país que los nacionales en el extranjero.

Por lo general las estadísticas de los países desarrollados se refieren principalmente al PNB como indicador de la economía dado que poseen cuantiosas inversiones en el exterior que les generan considerables ingresos, mientras que los países subdesarrollados por su actividad reducida fuera de sus fronteras utilizan con mayor frecuencia el PIB para referirse al desempeño de sus economías, sin embargo tanto en los unos como en los otros se realizan los cálculos del Producto Nacional y del Producto Interno.

3.1.2 COMO MEDIDA DE BIENESTAR

Es importante conocer la forma en que se determinan los ingresos y la producción nacional porque esto permite identificar las variables que pueden verse afectadas con fines de planificación.

Los componentes de los ingresos nacionales son el consumo, la inversión y los gastos del gobierno, todos igualmente importantes.

CONSUMO:

Su nivel depende del nivel de ingresos

Cuando aumente el ingreso los consumidores comienzan a percibir ingresos extras

INVERSIÓN:

Esta depende de las esperanzas de lucro de los inversionistas

Es un elemento poderoso de los ingresos por que tiene un efecto multiplicador en ellos.

INVERSION EXTRANJERA DIRECTA:

La **Inversión Extranjera Directa** (**IED**) es aquella **inversión** que tiene como propósito crear un interés duradero y con fines económicos o empresariales a largo plazo por parte de un inversionista extranjero en el país receptor.[19] La literatura y evidencia empírica identifican a la IED como un importante catalizador para el desarrollo, ya que tiene el potencial de generar empleo, incrementar el ahorro y la captación de divisas, estimular la competencia, incentivar la transferencia de nuevas tecnologías e impulsar las exportaciones; todo ello incidiendo positivamente en el ambiente productivo y competitivo de un país.

En los últimos años se ha recalcado en la importancia de la inversión extranjera como motor de desarrollo de los países periféricos, incluso se ha llegado a afirmar que de no ser por la inversión extranjera, estos países nunca llegarán a desarrollarse, y esto ha sido adoptado por los gobiernos de dichos países como única verdad, hasta el punto que se pelean (tratando de implantar ventajas) por el establecimiento de la inversión en su territorio, aún a costa de enormes sacrificios, como lo son las tasas elevadas de interés, la reducción en los salarios y otras medidas, que en últimas, pueden llegar a mermar considerablemente los beneficios recibidos de la inversión extranjera.

Modalidades

1. Inversión directa. Se consideran como inversiones extranjeras directas los aportes provenientes del exterior, de propiedad de personas extranjeras, al capital de una empresa; y la adquisición, con ánimo de permanencia, de participaciones, acciones o cuotas en el mercado de valores. Sus formas más generales son: la importación de divisas libremente convertibles para inversiones en moneda nacional como la creación de empresa o como aporte directo de capital a una empresa o adquisición de derechos, acciones u otros valores; importación de maquinaria, equipos u otros bienes físicos o tangibles, aportados al capital de una empresa como importaciones no reembolsables; Importaciones de divisas libremente convertibles para efectuar inversiones en moneda nacional destinadas a la compra de inmuebles para

---

[19] http://www.2006-2012.economia.gob.mx/comunidad-negocios/inversion-extranjera-directa

residencia propia o vivienda de funcionarios u oficinas de personas jurídicas extranjeras.

2. Inversión indirecta. Se consideran como inversiones indirectas todos los actos o contratos por medio de los cuales el inversionista realiza un aporte tangible o intangible a una empresa sin llegar a tener participación accionaria en todo o en parte de ella, siempre y cuando las rentas que la inversión genere para su propietario dependan de las utilidades generadas por la empresa. Se considera como inversión extranjera indirecta aquella en que la inversión se hace a través de un préstamo (que toma el Estado o alguna corporación), conocidos como empréstitos, ya sean oficiales o privados, que se obtienen del exterior, para satisfacer necesidades internas. O sea, se genera una deuda.

Fuente: Why México abril 2021. (SHCP, BANCOMEX, NACIONMAL FINANCIERA).

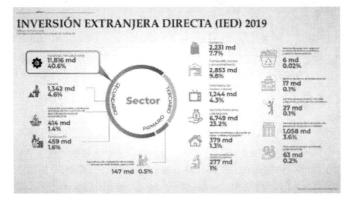

Fuente: Why México abril 2021. (SHCP, BANCOMEX, NACIONMAL FINANCIERA).

3. Inversión de portafolio.

Aunque la inversión extranjera tiene diferentes definiciones para cuestiones legales en los diferentes países, tiene tres modalidades definidas: inversión directa, indirecta y de portafolio y se estiman principalmente de la siguiente manera:

Es de considerar que la inversión extranjera que mayor beneficio genera a la economía nacional es aquella de se transforma en activos fijos de largo plazo. Mas no aquella que su orientación es la especulación financiera, conocida como capitales golondrina, ya que se benefician de inversiones financieras de altos rendimiento y emigran una vez disminuya su margen de utilidad especulativa, estos capitales son nocivos para la economía nacional.

GASTOS DEL GOBIERNO:

Cuando los niveles de consumo y de inversión no sean suficientes como para ocasionar el nivel deseado, los gastos de gobierno no pueden ser muy importantes dado que también tiene un efecto multiplicador en los ingresos

3.1.3 SESGOS EN EL P.N.B.

PRODUCTO NACIONAL BRUTO

Se define como el valor de todos los bienes y servicios producidos, únicamente, por los nacionales de un país durante un tiempo determinado, generalmente un año. Se excluye a los extranjeros trabajando en el país y se incluye a los nacionales trabajando en el extranjero.

Con el tiempo, empezaron a observarse dos problemas. Primero, a menos que las mercancías y los servicios se valoraban a sus precios apropiados, la inversión sería dirigida a la producción del tipo de productos equivocado. La experiencia del desarrollo muy pronto se vio plagada de ejemplos de industrias que se las arreglaban para sobrevivir únicamente gracias a la protección de la competencia doméstica y extranjera. Segundo, si las instituciones prevalentes eran débiles, los rendimientos podían ser desastrosamente bajos, aun cuando se elegían los proyectos de inversión correctos. Durante los años 1970, los economistas del desarrollo concentraron la atención en el primero de estos problemas y buscaron maneras de identificar proyectos de inversión socialmente productivos y políticas económicas posibles de respaldar. Desde entonces, su enfoque ha cambiado hacia el segundo problema, debido al creciente reconocimiento de que en los países pobres, los gobiernos con demasiada frecuencia no funcionaban en el interés de sus ciudadanos.

De modo que hoy día, los economistas del desarrollo se dedican al estudio de reformas institucionales, tales como maneras de aumentar la eficacia y el alcance de los mercados, y maneras de reconstruir instituciones comunitarias locales debilitadas o que han fracasado. Este énfasis en instituciones como un vehículo para el desarrollo económico en cierta medida ha marginado el análisis de políticas. Pero una política que puede ser deseable en una situación institucional dada bien podría ser indeseable en otra. La elección de política y la reforma institucional son ejercicios interrelacionados.

Aun si el enfoque en la investigación ha cambiado, la moneda con la cual medimos el desarrollo económico siguió basándose en el PNB per cápita. En años recientes se ha agregado el Índice de Desarrollo Humano de las Naciones Unidas (IDH), que combina el PNB per cápita, la expectación de vida al nacer y el alfabetismo. Pero ambas medidas reflejan preocupaciones de corto plazo, mientras que la cuestión de si los patrones de desarrollo contemporáneos son sostenibles nos obliga a mirar al futuro lejano.

Las perspectivas a largo plazo de una economía son configuradas por sus instituciones, y por el tamaño y la distribución de su activo de capital. Tomados en conjunto, éstos forman su base productiva, la fuente del bienestar de una sociedad a través del tiempo.

Por contraste, el PNB como la suma conjunta de consumo e inversión bruta es insensible a la depreciación de los activos de capital. Puede incrementar durante cierto tiempo hasta cuando la inversión auténtica de una economía es negativa y la riqueza disminuye. Esto puede suceder, supongamos, cuando se producen aumentos en el PNB explotando los activos de capital por ejemplo, degradando ecosistemas y agotando depósitos de petróleo y minerales sin invertir parte de los ingresos en formas de capital substituto, tales como en capital humano. De manera que hay poca razón para esperar que los movimientos en el PNB sean paralelos a los de la riqueza. No es posible utilizar el PNB para identificar políticas de desarrollo sostenible.

3.1.4 LOS GASTOS QUE LO COMPONEN

Producto Nacional Bruto (PNB): Es el valor de la producción de la totalidad de bienes y servicios producidos por factores de producción de propiedad de nacionales (independientemente de su ubicación territorial a la hora de realizar la producción) en un periodo determinado.

La diferencia entre el PIB y el PNB se puede explicar a través de la siguiente expresión:

PNB = PIB - RFE + RFN

Donde al PIB se le restan las rentas de factores extranjeros que se generan en el país pero se transfieren a extranjeros (RFE) y se suman las rentas de los factores nacionales que se producen en el exterior (RFN).

El cálculo del PNB es importante porque ayuda a conocer con más exactitud el ingreso que disponen los habitantes de un país.

Es un poco completo, y la formula varía de acuerdo a un mercado cerrado o abierto, para un mercado abierto el PNB está compuesto de la siguiente manera:

$Y = C(Y - T) + I(Y,r) + G - \varepsilon IM(Y, \varepsilon) + X(Y^*, \varepsilon)$
$Y = PNB$
$C = Consumo$
$Y = renta$
$T = Impuestos$
I = Inversión que depende de la y = renta y la r = tasa de interés
G = Gasto publico
IM = Importaciones que depende de la renta y el tipo de cambio
X = exportaciones que depende de la renta del extranjero para el tipo de cambio

Lo más simple es decir que el PNB $Y = C + I + G$

3.1.5 P.N.B REAL Y NOMINAL

Hasta ahora se ha definido el PIB como el valor de la producción a los precios corrientes, o sea los precios actuales vigentes en el mercado, y ese es el concepto del Producto Interno Bruto Nominal (PIB nominal), también llamado PIB a precios corrientes.

Pero muchas veces esta medida puede enfrentarse a un importante problema, el cual es la inflación, o sea el aumento generalizado de los precios en una economía, lo cual distorsionaría las conclusiones que se obtengan a partir del análisis del PIB nominal. De esa manera ha sido necesario calcular el PIB real o PIB a precios constantes. Al calcular el PIB real se elimina el efecto del incremento en los precios, permitiendo que a través del análisis del PIB real sí se pueda conocer apropiadamente cómo evoluciona la producción y el ingreso de la economía.

El siguiente ejemplo ilustra esto:

Supóngase que en una economía sólo se produce un bien determinado, y que se conocen los siguientes datos relacionados con los precios y las cantidades producidas:

Año Cantidad producida Precio Valor de la producción* Variación %
2000 100 ¢100 ¢10.000 - 2001 80 150 12.000 +20% 2002 90 180
16.200 +35%

- Valor de la producción=Cantidad producida * Precio (Este es el
  valor nominal, ya que se calcula con los precios de cada año).

Si se analizan estos datos se observa que el valor de la producción
se incrementó en un 200% en al año 2001 con respecto al 2000,
sin embargo la cantidad producida disminuyó de 100 unidades a
80. Esto se da por el aumento en los precios que pasaron de ¢100
a ¢150. Este aumento de precios (inflación) hace que el indicador
del valor de la producción (PIB nominal) parezca aumentar cuando
verdaderamente la producción no varió en esa proporción.

El cálculo del PIB real toma entonces un año base y supone que
los precios se mantienen constantes, calculando así el valor de
la producción a precios constantes. En el ejemplo anterior podría
tomarse como año base el 2000, y valorar entonces la producción a
los precios de ese año (cabe señalar que hay muchos más aspectos
que considerar en esto relacionados con los índices de precios, la
selección del año base, etc.).

Año Cantidad producida Precio Valoración a precios constantes
(año base = 2000)

Variación %

2000 100 ¢100 ¢10.000 -

2001 80 150 8.000 (80 unid.*¢100) −20%

2002 90 180 9.000 (90 unid.*¢100) +12.5%

Aquí se observa como se ha calculado un PIB real (valoración a
precios constantes) tomando como año base el 2000, en la cual
para valorar la producción del año 2001 se tomaron los precios del

año 2000, y de igual manera se hizo para el 2002, se multiplica la cantidad producida en el 2002 por el nivel de precios del 2000.

En la columna de la derecha se observa la variación porcentual del valor a precios constantes, donde se refleja correctamente lo que ocurre con las cantidades producidas.

A esta variación porcentual del PIB real se le conoce como tasa de crecimiento de la economía o tasa de crecimiento económico en un año u otro periodo.

Lea el artículo FMI pesimista sobre el país, y observe las tasas de crecimiento de Costa Rica y otros países del mundo en el 2002 y las expectativas para el 2003. Analice las razones que dan los economistas para explicar el escaso crecimiento de la economía nacional. Para ver las tasas de crecimiento de la economía de Costa Rica vea la página de internet del Banco Central.

PNB NOMINAL Y PNB REAL

El producto nacional bruto es el valor de todos los bienes y servicios producidos corrientemente y vendidos en el mercado durante un intervalo particular de tiempo.

El producto nacional bruto incluye las compras de consumo de alimentos, vestidos, gasolina, automóviles nuevos, cortes de cabello, y otros servicios; incluye la compra de equipo y maquinaria que realizan las empresas; incluye las construcciones residenciales compradas por familias y las empresas así como las construcciones no residenciales (centros comerciales, edificios de oficinas y fábricas); y también incluye la compra de bienes y servicios que hace el gobierno (federal, estatal y local), así como el exceso de nuestras exportaciones sobre importaciones. Podemos pensar más fácilmente en el PNB como LA CANTIDAD TOTAL DE PRODUCCION ACTUAL O CORRIENTE.

El PNB se computa por un proceso de adición de todos los tipos diferentes de producción actual. Cuando agregamos la cantidad corriente de producción obtenemos el PNB NOMINAL.

La palabra nominal significa la cantidad real comprada a los precios actuales.

MAGNITUDES REALES Y NOMINALES

Las cantidades nominales no son útiles para el análisis económico debido a que pueden incrementarse tanto cuando la gente compra más bienes físicos y servicios, más autos, carne y cortes de cabello como cuando los precios aumentan.

Un aumento en mi gasto nominal en bienes de consumo de $20 000 en 1981 a $25000 en 1982 podría indicar que me he vuelto capaz de comprar más bienes o podría simplemente reflejar un incremento en los precios del mismo tipo y numero de bienes comprados en 1981.

Una magnitud real es el valor expresado en los precios de un "año base" elegido arbitrariamente. Si el año base es 1972, mi consumo real de 1981 "a los precios de 1972" representa la cantidad que hubieran costado mis compras reales de 1981 si hubiera sido capaz de comprar cada artículo a su precio de 1972. Por ejemplo, si todos los precios se duplicaron entre 1972 y 1981, entonces mis compras de 1981 por valor de us$20000 hubieran costado solo us$10000, a los precios de 1972. Por consiguiente mi consumo real en 1981 medido en los precios de 1972 es de $10000.

Cualquier concepto real, medido a los precios de un único año base se ajusta para tener en cuenta los efectos de los cambios en los precios que ocurren año a año.

LIMITACIONES DEL CONCEPTO DEL PIB:

Se mencionan varios problemas metodológicos en el cálculo del PIB y también existen algunas limitaciones en cuanto a su uso e interpretación. Entre los más importantes están los siguientes.

- El PIB no contabiliza la totalidad de los bienes y servicios producidos en la economía, ya que las actividades informales (economía subterránea), los trabajos domésticos, entre otros no son valorados en su cálculo. En algunos países este sector informal de la economía o economía subterránea representa proporciones importantes del PIB. Ver noticia sobre este tema: Informalidad a debate.
- El PIB no refleja la totalidad de los beneficios y costos sociales consecuencia de la actividad económica, por ejemplo la contaminación ambiental generada por una serie de actividades productivas.
- Los aumentos en el PIB no necesariamente implican mejoras en la calidad de vida de la población, pues en nada se considera el tipo de bienes que se producen, ya que en el cálculo no se toma en cuenta si lo que se produce son alimentos, libros, armas, venenos, o cualquier otra cosa. Por eso es importante considerar también algunas otras medidas (no solo económicas) para evaluar el bienestar de la población y su calidad de vida. Para ampliar esto ver el Estado de la Nación.
- El PIB no dice nada a cerca de la distribución del producto entre los individuos que componen la sociedad. Con mucha frecuencia se ha empleado el PIB per cápita o el PNB per cápita como medidas del bienestar de la población. Puede darse el caso en el que, aunque el PIB per cápita sea relativamente alto, la distribución sea muy desigual, o sea que algunos pocos tienen mucho y muchos otros tienen muy poco.

3.1.6 P.N.B Y LA INVERSIÓN

1. - El producto nacional bruto, es la producción de bienes y servicios de los ciudadanos de un país. La medicación del PNB a través del gasto, del valor añadido y de la renta de los factores proporcionan los mismos resultados. En concreto, la identidad de la renta nocional afirma que el gasto del PNB es igual a la renta nacional afirma que el gasto del PNB es igual a la renta generada por su producción.

2. - El consumo, la inversión, el gasto público y las exportaciones netas constituyen los cuatro componentes básicos del gasto. El consumo es el mayor.

3. - El componte inversión del PNB incluye la reposición del capital que se deprecia; por lo tanto, es la inversión bruta. La inversión neta es la inversión bruta menos la depreciación. El producto nacional neto es el PNB menos la depreciación.

4. - El PNB real es una medida de la producción que se ajusta para tener en cuenta los efectos de la inflación. Mide el volumen físico de producción. El PNB nominal mide el volumen monetario de producción.

5. - Las ventas finales son iguales al PNB menos la inversión en existencias. Fluctúa menos que el en PNB.

6. - Para evitar la doble contabilización, medimos la contribución de cada rama de actividad mediante su valor añadido y no incluimos los bienes que se produjeron en años anteriores.

7. - La renta personal disponible es la cantidad de renta nacional de que disponen las economías domésticas para gasto. No incluyen los beneficios no distribuidos de las sociedades anónimas. Está formado por lo que queda de la renta procedente de sueldos y salarios los beneficios sociales, los alquileres, los dividendos, los intereses y la

renta de las pequeñas empresas una vez reducidos todos los impuestos.

EL AHORRO Y LA INVERSIÓN

El ahorro se define como la renta menos el consumo. Un importante hecho, que algunas veces induce a confusión, es el de que en una economía cerrada sin comercio exterior el ahorro debe ser igual a la inversión. Para verlo, supongamos que no hay estado, por tanto, tampoco hay impuestos. En ese caso,

Gasto en PNB= Consumo+ Inversión

Además, de acuerdo con la definición del ahorro.

Renta nacional = Ahorro + Consumo

Consumo + Inversión= Ahorro + consumo

Inverso = Ahorro.

La igualdad del ahorro y la inversión se deduce únicamente de las definiciones del PNB y renta. En la medida en que los estadísticos sigan estas definiciones, no es posible que la inversión pueda diferir nunca del ahorro. No tenemos que decir si nuestra teoría se cumpla el ahorro y la inversión serán iguales. Lo serán independientes de cómo se comporten los inversores y consumidores. La sencilla identidad de ahorro y la inversión es más complicada en el caso d las economías abiertas que se interrelacionan con otras economías del mundo. Pidiendo prestado una persona pueda invertir más de lo que ahorra, prestando puede ahorrar más de lo que invierte. La posibilidad de podrir prestado o de prestar permite realizar inversiones en un lugar y momento más eficiente. Pedir prestado acumulas pasivos financieros. Prestar significa acumular activos financieros tienen implicaciones para la conducta macroeconómica.

Ejemplo: Son los préstamos que pide el estado para financiar su difícil público. A medida que aumenta el volumen de bonos del estado – pasivo del estado- el pago de los intereses de la deuda puede obligar a elevar los impuestos futuros o a imprimir más dinero, medidas ambas que tienen consecuencias macroeconómicas.

El crecimiento endeudamiento de estados unidos con el resto del mundo provocando por su necesidad de financiamiento su déficit comercial- importantes menos exportaciones.

3.1.7 EL INGRESO NACIONAL

Expresión utilizada en macroeconomía, a nivel de los agregados económicos y monetarios. Suma de los ingresos percibidos por los factores productivos de los residentes de un país, en un período de tiempo.

Se excluyen del ingreso nacional todos los pagos de transferencias tales como pensiones de vejez, subsidios de cesantía y de seguridad social, asignaciones familiares, etc.

Todos los otros ingresos tales como salarios, intereses, utilidades no distribuidas de las empresas, están incluidos en el ingreso nacional.

Se incluyen también los intereses y dividendos de inversiones en el extranjero de propiedad de residentes, y se excluyen los ingresos pagados a factores que estando dentro del país son propiedad de extranjeros.

El Ingreso Nacional es igual al valor de todos los bienes y servicios producidos en el país, es decir, es equivalente al Producto Nacional.

Suma de los ingresos percibidos por los factores productivos de los residentes de un país, en un periodo de tiempo. Se excluyen del ingreso nacional todos los pagos de transferencias tales como pensiones de vejez, subsidios de cesantías y de seguridad social, asignaciones familiares, etc.

Todos los otros ingresos tales como salarios, intereses, utilidades no distribuidas de las empresas, están incluidos en el congreso nacional. Se incluyen también los intereses y dividendos de inversiones en el extranjero de propiedad de residentes, y se excluyen los ingresos pagados a factores que estando dentro del país son propiedad de extranjeros. El ingreso nacional es igual al valor de todos los bienes y servicios producidos en el país, es decir, es equivalente al Producto Nacional.

3.1.8 LA CORRIENTE MONETARIA

EL PRODUCTO INTERNO BRUTO

Existen muchos indicadores del desempeño de una economía. Sin embargo, la información más completa se encuentra en la producción total anual de los bienes y servicios de una economía, también denominado producto agregado, el cual se mide mediante el Producto interno Bruto, PIB.

3.1.9 PRODUCTO INTERNO BRUTO (PIB)

Es el valor total de todos los bienes y servicios producidos en un país durante un periodo de tiempo determinado.

Incluye la producción generada por nacionales residentes en el país y por extranjeros residentes en el país, y excluye la producción de nacionales residentes en el exterior.

Es decir el PIB se calcula sumando el valor monetario de los bienes y servicios finales producidos dentro de las fronteras geográficas de un país, a precios de mercado en un periodo de tiempo determinado,

PIB= total de mercancías y servicios producidos dentro de un país en un periodo determinado.

La denominación de Interno se da por corresponder a la producción que se obtiene por procesos productivos realizados internamente en el país, independiente si los factores productivos pertenecen a los nacionales o son extranjeros.

LA MEDICIÓN DEL PIB

La diversidad entre los bienes y servicios producidos por una economía impiden que el producto se contabilice en unidades o cantidades físicas globales, por lo tanto la medición del producto agregado solo puede hacerse en términos monetarios, calculándose el heterogéneo conjunto de la producción nacional con base en los precios del mercado alcanzados por los diversos bienes y servicios que fueron elaborados por el aparato productivo de la economía.

¿EN QUÉ PERÍODO SE CONTABILIZA?

Solo se contabiliza el valor de los bienes y servicios producidos en el período en el cual se efectúa la medición, que comúnmente es un año.

En cada año de medición del PIB, la producción de ese año es transferida por los productores a las unidades de consumo, o quedan como inventarios finales en las diferentes empresas productoras. En ese mismo año se realizan transacciones de bienes usados y producidos en años anteriores, sin embargo como el PIB solo mide el flujo de la producción del año y no el flujo de los egresos, las ventas de bienes usados no son contabilizadas, puesto que quedarían doblemente contadas.

EVALUACIÓN UNIDAD III

Subraya la respuesta correcta en cada una de las preguntas:

1.- ¿QUÉ ES EL INGRESO NACIONAL?

a) la suma del ingreso del trabajo y capital
b) Valor monetario de todos los bienes y servicios
c) Suma bienes y servicios
d) Suma gastos y consumo

2.- QUE ES EL PRODUCTO INTERNO BRUTO

a) valor del mercado de los bienes y servicios de producidos en un periodo determinado
b) Producto que muestra todas las combinaciones de los bienes
c) Ingreso que todas las familias tienen para gastar
d) Valor monetario de todos los bines y servicios

3.- FORMA DE CALCULAR EL PIB

a) impuestos directos + subsidios + consumo + gasto + exportaciones
b) gasto + consumo + importaciones + exportaciones - consumo
c) consumo + inversión + gastos +exportaciones – importaciones
d) consumo + inversión – gastos + exportaciones + importaciones

4.- DOS MANERAS DE MEDIR EL PRODUCTO NACIONAL

a) gastos monetarios, ingreso monetario
b) gastos públicos, consumo
c) exportaciones, importaciones
d) servicios, gastos

5.- CADA QUE SE HACE LA MEDICIÓN DEL PIB

a) Un año
b) Medio año

    c) Dos años
    d) Todas las anteriores

6.- LA DIFERENCIA ENTRE PIB Y PNB COMO SE PUEDE EXPLICAR

    a) PNB= IN – INP +REF
    b) PNB= INP - C + G
    c) PNB = PIB – RFE + RFN
    d) PNB = PIB + RFE –RFN

7.- QUE SIGNIFICA RFE

    a) renta federal estatal
    b) referencia federal del estado
    c) renta fijo estatal
    d) renta factores extranjeros

8.- POR QUE EN LA ACTUALIDAD ES IMPORTANTE CALCULAR EL PNB

    a) ingreso de exportaciones e importaciones que tiene cada país
    b) como están nuestras empresas colocadas en las exportaciones e importaciones
    c) cantidad de ingreso que tiene cada familia para que sepan cuanto pueden gastar
    d) como ser con certeza el ingreso que tienen disponibles los habitantes de un país

9.- CUALES SON LOS CUATRO COMPONENTES BÁSICOS DEL GASTO

    a) consumo, exportaciones, ingreso personal, gasto publico
    b) importaciones, consumo, transferencias, subsidios
    c) consumo, ingreso público, inversión, importaciones
    d) consumo, inversión, el gasto público, exportaciones

10.- EN QUE SEXENIO TUVO CRECIÓ EL PRODUCTO INTERNO BRUTO

a) Zedillo
b) Salinas
c) Miguel Mandril
d) Vicente Fox

4

FUNCION ECONOMICA DEL ESTADO

4.1 GASTO PÚBLICO

El gasto público es aquel flujo que configura el componente negativo del resultado económico patrimonial, producido a lo largo del ejercicio por las operaciones conocidas de naturaleza presupuestaria o no presupuestaria, como consecuencia de la variación de activos o el surgimiento de obligaciones, que implican un decremento en los fondos propios.

Por tanto, este término se reserva para aquellos flujos que deben imputarse al resultado citado de la entidad a través de cuentas de gestión. No debe confundirse con el término "gasto presupuestario": existen gastos que no constituyen gasto presupuestario (gastos extra presupuestarios).

AUTORIZACIÓN DEL GASTO

La autorización de gasto público, es la operación contable que refleja el acto, en virtud del cual, la autoridad competente para gestionar un gasto con cargo a un crédito presupuestario, acuerda realizarlo, determinando su cuantía en forma cierta o de la forma más aproximada posible, cuando no puede hacerse de forma cierta, reservando, a tal fin la totalidad o una parte del crédito presupuestado. Este acto no implica aún relación sin interesado ajeno a la entidad, pero supone la puesta en marcha del proceso administrativo.

INCIDENCIA DEL GASTO

Los gastos realizados por el gobierno son de naturaleza diversa. Van desde cumplir con sus obligaciones inmediatas como la compra de un bien o servicio hasta cubrir con las obligaciones incurridas en años fiscales anteriores. Sin embargo, muchos de ellos están dirigidos a cierta parte de la población para reducir el margen de desigualdad en la distribución del ingreso.

Por lo tanto, saber en qué se gasta el dinero del presupuesto público resulta indispensable y sano, pues a través de este gasto se conoce a quienes se ayuda en forma directa e indirecta. En esta sección encontrará diversos documentos que dan luz sobre cómo se gasta el dinero público y a quienes se beneficia.

Desde un punto de vista económico se distinguen tres tipos de gasto público: Desarrollo Social, Desarrollo Económico, y Gobierno.

4.1.1 CRECIMIENTO DEL GASTO PÚBLICO

Gasto público reales o de consumo

Son aquellos gastos corrientes en los que el Sector público recibe a cambio una contraprestación. Estos gastos representan la contribución del sector público al consumo de una sociedad. En este grupo podrían incluirse los gastos por adquisición de bienes consumibles o por servicios prestados al Estado.

DESARROLLO ECONÓMICO

Dotar de Infraestructura, Energía, Comunicaciones y Transportes, Desarrollo agropecuario y forestal, Temas laborales, empresariales, Ciencia y Tecnología, Promoción de la capacitación y el empleo, Impulso competitivo empresarial, estos se pueden considerar como un gasto real o de inversión.

Gastos públicos reales de inversión en torno al crecimiento.

Aquellos gastos en los que el sector público obtiene una contraprestación a la realización del desembolso, estos gastos representan la contribución del sector público a la formación bruta de capital de una economía. En este grupo deben incluirse las inversiones realizadas por el sector público.

Transferencias Gastos realizados por el sector público sin obtener nada a cambio, es decir, sin contraprestación por parte de los destinatarios del gasto. Ejemplo de transferencias corrientes serían el subsidio de desempleo, las pensiones públicas de la Seguridad Social por la sanidad nacional de la salud.

4.1.2 GASTO FEDERAL

El Gasto Federal comprende los recursos que se destinan a cumplir ya atender las funciones y responsabilidades gubernamentales; lo cual se refleja en la producción de bienes y la prestación de servicios.

La programación del Gasto Federal se concreta en el anteproyecto del presupuesto elaborado de acuerdo con la Ley de Presupuesto, Contabilidad y Gasto Público Federal, con el reglamento de dicha ley y con los lineamientos Específicos que emite la Secretaría de Hacienda, como el manual para el Ejercicio del Gasto del Gobierno Federal.

El centro de Estudios de las Finanzas Públicas de la H. Cámara de Diputados ha elaborado este documento con el propósito de facilitar a los Diputados, Comisiones y Grupos Parlamentarios, la identificación de los recursos ejercidos en el presupuesto aprobado a cada una de las entidades federativas, entre 1998 y 2003.

El gasto Federal que se integra con los recursos destinados a Entidades Federativas y Municipios, a través de los Ramos 25, 28, 33 y 39, así como los que se originan en los Convenios de Descentralización, tiene en la actualidad una participación importante en las Finanzas Públicas del país; al respecto cabe precisar que para el ejercicio presupuestal 2003. Representa el 34.9% del Presupuesto Federal, a la vez que absorbe el 39.7% del Gasto Primario Devengado y equivale al 8.1% del Producto Interno Bruto Nacional.

4.1.3 FUNCIONES CAMBIANTES DEL ESTADO

El Estado tiene cuatro funciones dentro de la actividad económica de un país. Veamos las cuatro más importantes.

Función reguladora: consiste en garantizar el funcionamiento del mercado a través de la configuración y el mantenimiento de un marco institucional, es decir, fijar y garantizar las normas para que la actividad productiva sea más eficiente.

Función asignatura: se refiere a la producción por parte del Estado de bienes y servicios.

Función redistributiva: consiste en la intervención del Estado en la economía con el objetivo de cambiar la distribución de la renta. Las dos formas que tiene para conseguir esto son:

Los impuestos: uno de los más importantes es el IRPF

El gasto público: el Estado puede redistribuir la renta con el gasto público como por ejemplo, sanidad, educación, pensiones.

Función estabilizadora: el Estado intenta reducir todas las perturbaciones cíclicas de la economía tratando de conseguir un crecimiento más equilibrado, con estabilidad de precios y con un alto nivel de ocupación. Es decir, el Estado intenta hacer que las crisis no sean tan fuertes. Esto se consigue a través de dos instrumentos:

Política monetaria: se dedica a controlar la cantidad de dinero que hay en una economía.

Política fiscal: aplica unos impuestos u otros para conseguir que la economía crezca.

4.1.4 GASTO Y COMPETENCIA DEL ESTADO

GASTO DEL ESTADO

Para hacer frente a las crisis financieras y sus efectos en la economía real, los ministros competentes de una serie de países independientemente del tamaño de sus economías y de la orientación de sus políticas gubernamentales han anunciado una audaz expansión del gasto fiscal para la próxima gestión presupuestaria.

De esa manera, en el marco de viejas recetas anti crisis, aplicadas en su momento con éxito, se busca que los recursos públicos contribuyan a la reactivación de actividades económicas desarrolladas por agentes económicos privados relacionados con el gasto que ejecutarán entidades públicas.

No cabe duda de que aquellos países que en tiempos de vacas gordas tomaron previsiones para el período de vacas flacas inevitable por el carácter cíclico de la economía capitalista actualmente se encuentran en mejores condiciones para expandir su gasto fiscal. De hecho, en algunos casos se cuenta con adecuados fondos de estabilización de precios, sólidas instituciones de promoción y fomento económico o mecanismos de estímulo ya validados y en funcionamiento.

Según el Ministro de Hacienda, la inversión pública programada para la gestión 2009 alcanzará, luego de su correspondiente aprobación congresal, un nivel alto, 1.800 millones de dólares, casi tres veces superior al de la década anterior al boom de los precios de exportación e ingresos fiscales.

COMPETENCIA DEL ESTADO

El Estado tiene incumbencia acerca de todo lo que ocurre dentro del territorio nacional. Ésta incumbencia incluso excede -dentro de una forma controlada- la legalidad, es decir: hay leyes que taxativamente marcan un ordenamiento (sancionadas por el poder legislativo a petición del poder ejecutivo o per sé) y él es el encargado de vigilar que ellas se cumplan; caso contrario, existe la potestad de poner a los infractores bajo el juzgamiento y sanción del poder judicial u organismo encargado de entender en la materia de que se trate la infracción.

Por su parte, éstas actividades que mencionamos y que "incluso exceden en forma controlada la legalidad", constituyen todo tipo de averiguaciones, reunión de informaciones tanto en lo interno (dentro del territorio nacional) como en lo externo (fuera del territorio nacional, es decir, en territorio de "potencias extranjeras").

Éstas primeras actividades (las internas o territoriales), denominadas y englobadas dentro de la Inteligencia de Estado, tienden a mantener el status democrático y republicano, y a anticipar "jugadas" de grupos antidemocráticos, delictivos y por parte de actores delictivos que logran penetrar las fronteras o que, genéricamente, las trascienden (caso de aquellos que sustraen vehículos y los "exportan", y el caso de narcotraficantes, tratantes de blancas, fuga e ingreso de capitales espurios, etc.).

En cuanto a las actividades de inteligencia cumplidas en el exterior, tienden a estudiar y mantener el equilibrio bélico, delictivo e inclusive comercial entre la Nación y las potencias extranjeras, procurando anticipar los movimientos en las aéreas mencionadas, como a aquellas ya nombradas como tareas dentro del territorio (lo de los vehículos, narcotráfico, trata de blancas, fuga e ingreso de capitales espurios, etc.).

El Estado tiene que saber todo lo que pasa dentro de su territorio, y aún mediante el espionaje, ver qué actividad de una potencia extranjera puede alterar, modificar o influir de cualquier forma en sus actividades dentro y fuera del territorio. Es un juego de ajedrez bastante complicado, pero que verás que lleva muy bien a cabo potencias tales como Estado Unidos, Gran Bretaña y Rusia, como las más destacadas y populares.

Por tanto, la competencia del Estado está limitada por el propio territorio y la población que en él vive. Evidentemente tiene también sus limitaciones en cuanto a si el actor de la infracción es nacional o extranjero, si tiene algún tipo de inmunidad diplomática y unas cuantas excepciones más. Habrás visto así, extranjeros que cometieron delitos en un país y que son juzgados en su país de origen, así como nacionales que han cometido delitos en otros países y son juzgados en el propio; como también tu nación ha respondido a pedidos de extradición y viceversa.

Hay una amplia biblioteca que se dedica a desmenuzar éste tipo de cuestiones, que a simple vista parecen tan sencillas y "matemáticas". Esto es conveniente hasta cierto punto, mientras las cosas se mantengan claras y no entren dentro del terreno de la dialéctica, pues sino, torcemos todo.

4.2 IMPUESTOS FEDERALES.

IMPUESTOS FEDERALES

En términos amplios citemos que existen tres impuestos federales básicos en este año fiscal 2007:

1) El Impuesto Sobre la Renta
2) el Impuesto al Valor Agregado
3) El Impuesto al Activo, y dos grandes grupos de contribuyentes: las Personas Morales (comúnmente empresas) y las Personas Físicas. Además de los tres gravámenes ya citados, existen más pero que ya no impactan al grueso de la población, sino a subcapas de la misma dependiendo del giro o actividad desarrollada por cada contribuyente.

Con estos actores, las combinaciones entre ambos grupos están a la orden, pero toquemos uno por uno.

EL IMPUESTO SOBRE LA RENTA (ISR):

Es la contribución principal federal, que se causa por el hecho de tener ganancias. Este impuesto solo se paga cuando el contribuyente (persona moral o persona física) obtiene una ganancia en el año fiscal de referencia. Los empleados que perciben sueldos también pagan Impuesto Sobre la Renta (el sueldo como tal adquiere fiscalmente la característica de "ganancia" o "utilidad"). La tasa que se paga por la utilidad en el año, varía dependiendo de si es una persona moral o una persona física. Las personas morales pagan una tasa del 28% sobre la utilidad fiscal que obtengan en el ejercicio (un ejercicio fiscal es de un año iniciando el 1 de enero y terminando el 31 de diciembre) independientemente del monto en pesos que esta sea (da lo mismo que la empresa gane 1 peso que 1 millón de pesos, se paga sobre la ganancia determinada el 28% al fisco). Por otro lado las personas físicas pagan sobre unas tarifas compuestas que se aplican a la ganancia obtenida en el año, y estas tarifas contienen distintas tasas (a diferencia de la tasa única del 28% de las personas morales) que van desde el 3% hasta el 28% dependiendo del monto obtenido como ganancia en el periodo, en las personas físicas la metodología sigue la regla de que quien tiene más ganancia, paga más impuesto. La declaración anual de personas morales se presenta en el mes de marzo y la declaración anual de personas físicas se presenta en el mes de abril del siguiente año al que corresponda.

EL IMPUESTO AL VALOR AGREGADO (IVA):

Es el segundo impuesto federal en importancia en México, y es un impuesto al consumo que se causa al momento de adquirir algún bien o servicio, debiendo pagar por el un 10% en las fronteras y un 15% en el resto del país adicional al precio del bien o servicio adquirido. También existe la tasa 0% para ciertos bienes o servicios, e incluso la exención en otros. Lo pagan tanto personas físicas como morales sin distinción de tasas por ser uno u otro. Este impuesto tiene la característica de que los contribuyentes con actividad recurrente de presentación de declaraciones de impuestos por tener actividades que los catalogan como contribuyentes activos, pueden acreditar el IVA que ellos cobran en sus ventas contra el IVA que ellos pagan en sus compras y gastos, es decir, pueden "netear" los IVAS a cargo y a favor para así generar un saldo que puede quedarles a cargo (que deben pagar al fisco esta diferencia) o a favor (que pueden pedir en devolución al fisco).

El grueso de la población, o sea las personas que no son contribuyentes activos, no pueden recuperar el IVA, solo lo pagan; esto sucede cuando efectúan un consumo de algún bien o servicio y pagan por estos.

EL IMPUESTO AL ACTIVO (IMPAC):

Es el tercer impuesto federal en importancia, y es un impuesto que solo lo causan las empresas y las personas físicas que rentan inmuebles. El tratamiento general consiste en aplicar al valor de los bienes propiedad del contribuyente una tasa del 1.8%, y una vez determinado así el IMPAC, se compara contra el Impuesto Sobre la Renta del mismo año y se paga únicamente el mayor. Por las características que se acaban de citar, no todos los años se paga el IMPAC, incluso llegando a ser poco probable que en cierto ejercicio se genere un importe a cargo de esta contribución, a menos que exista perdida o pocas ganancias en la empresa que motive que el ISR sea nulo o menor que el IMPAC. Esta contribución desaparecerá a partir del año 2008, y será sustituida por otro impuesto del que hablare en otro artículo: el IETU (Impuesto Empresarial a Tasa Única).

En términos generales estos son los tres gravámenes federales principales en México en 2007. Por supuesto el tratamiento a detalle de cada uno de ellos es más complejo de lo planteado en este artículo. Fueron expuestos de manera amplia los esquemas de tributación de los mismos, con esta información el espectro tributario en los lectores espero sea mayor. El presente solo toca de una manera general el tema, se sugiere se apoye el lector en un especialista de su confianza para mayor información al respecto y evitar omisiones en el cálculo correcto y completo de las contribuciones respectivas.

4.2.1 NATURALEZA DE LOS IMPUESTOS

No sabemos a qué altura estarán las discusiones parlamentarias sobre la cuestión impositiva.

Sí, creemos que las urgencias electorales pueden desvirtuar el tratamiento de temas de fondo. Como el de la reforma tributaria, que preocupa en razón de que engorda la variedad de defectos que multiplican la pésima distribución de riqueza que nos asfixia.

Uno de los gravámenes más pesados a la hora de recaudar es el IVA. Castiga cada gasto, cada compra de pobre o de rico. Se esconde en el precio y probablemente quede a mitad de camino a las arcas públicas por facilidades que se dan a sus agentes de retención. Es que este bendito impuesto forma parte del precio de bienes que en economías recesivas cuesta cada vez más vender. Para el vendedor es parte valiosa de un ingreso al que accede con un mayor esfuerzo en la medida de su tamaño empresario.

Para el comprador es una quita grande a su capacidad de gasto. La situación afecta al volumen de bienes que la economía puede alentar productivamente, sin permitir generar más inversiones y más empleo y por lo tanto una mayor actividad económica.

Además, la conciencia estatal de lo que se evade (lo que queda en el camino recordativo) fuerza a sostener tasas descomunales (de hasta el 17.5% del precio final). Observemos que de cada 100 pesos de venta al público, 17 y medio por ciento se destinarían al IVA; más un 3 a un 6% que se queda la provincia por Ingresos Brutos; más otro 1% que absorbe la municipalidad. Tomando 66 pesos como razonable costo de las mercaderías vendidas por aquellos cien, nos dejan algo así como un 10% para la ganancia del vendedor, más la parte de lo que le será stock no realizado, más alquileres, luz, algún sueldo, gastos financieros, otros impuestos, etc. Es algo, a todas luces, sin sentido.

Por eso las urgencias electorales niegan espacio a estas correcciones. Y la crisis se amplía.

¿No sería más razonable gravar directamente los ingresos de la gente, restando un porcentaje a cada sueldo (siempre que se cobre a través de los bancos, por tarjeta de débito y sea más fácil esa retención)? Así, la quita sería proporcional y permitiría evadir sólo sobre los ingresos no "negreados".

En cadena, esa recaudación será coparticipada por los otros estamentos oficiales.

Claro que se tendría que entusiasmar a la dirigencia gremial a reclamar (para su propio beneficio) un mayor blanqueo de los salarios.

Y si al Estado no le alcanza con lo que recaude, que empiece a pensar en cómo cumplir bien y más barato lo que debería estar haciendo mejor. Lamentablemente, el cálculo presupuestario arranca en lo que se puede llegar a gastar. No, en lo que convendría llegar a quitar de la economía de mercado para que lo consuma la administración pública.

Los impuestos están desnaturalizados y sólo significan instrumentos para acercar dineros al gobierno. Aquel concepto de que se grava a los que más pueden para asistir a los que necesitan quedó corrupto por la monopolización destructiva de la economía.

Como lo enseña el humanismo económico que pregonamos, hay que mezclar y dar de vuelta. Anteponer las necesidades sociales a los réditos de los poderosos. Los impuestos tienen que servir para recuperar una sociedad equitativa, estable, alentadora y armoniosa.

4.2.2 TRIBUTACION FEDERAL

La tributación tiene por objeto recaudar los fondos que el Estado necesita para su funcionamiento pero, según la orientación ideológica que se siga, puede dirigirse también hacia otros objetivos: desarrollar ciertas ramas productivas, redistribuir la riqueza, etc.

Cuando la tributación es baja los gobiernos se ven sin recursos para cumplir las funciones que se supone deben desempeñar; cuando la tributación es muy alta se crean auténticos des estímulos a la actividad productiva, pues las personas y las empresas pierden el aliciente de incrementar sus rentas, con lo que se perjudica el producto nacional total. Por ello a veces los gobiernos obtienen mayores ingresos cuando bajan los tipos de impuestos, ya que el menor porcentaje que se cobra es compensado con creces por el aumento de la producción y, en consecuencia, de la cantidad base sobre la que éstos se calculan. Lo anterior se cumple especialmente en el caso de los llamados impuestos progresivos -cuya tasa impositiva va aumentando a medida que aumentan los ingresos- que afectan de un modo muy agudo las expectativas y actitudes de quienes tienen que pagarlos.

La tributación es considerada un problema tanto económico como político, pues en ella confluyen aspectos referidos a ambos campos de actividad: por una parte están los efectos de la tributación sobre las actividades productivas, sobre el nivel de gastos del Estado y el equilibrio de sus presupuestos, y sobre la distribución de la riqueza; por otra parte están las formas de consenso o de decisión política que se utilizan para determinar la magnitud, estructura y tipo de los impuestos que se cobran.

4.2.3 IMPUESTOS PROGRESIVOS

Los impuestos progresivos tienen en cuenta la capacidad económica de una persona o empresa. Con este tipo de impuestos los pobres pagan menos cantidad de dinero que las personas adineradas; es decir, a medida que la capacidad económica de una persona o empresa aumenta, la cantidad de dinero que ésta debe pagar por el impuesto también aumenta. Los impuestos progresivos buscan que tanto un pobre como una persona adinerada paguen una cantidad proporcional a su ingreso. Con esto, los gobiernos buscan redistribuir la riqueza y aportar un mayor beneficio a los menos favorecidos. Los impuestos indirectos suelen ser regresivos y los directos progresivos. Estos últimos se calculan principalmente sobre la renta (ingresos) o enriquecimiento de una persona, o las ganancias de una empresa.

Es importante que los impuestos no recaigan sobre bienes y servicios de primera necesidad (aquellos sin los cuales las personas no podrían sobrevivir) razón por la cual siempre se procura imponer impuestos sobre bienes y servicios menos indispensables como los cigarrillos, el licor y los juegos de azar, entre muchos otros.

Los efectos que generan los impuestos dependen del monto que se cobre y de los bienes o servicios sobre los cuales éstos recaigan, por lo que los gobiernos nacionales deben ser muy cuidadosos a la hora de imponer un impuesto, pues un cálculo erróneo sobre las consecuencias de un impuesto podría generar resultados contrarios a los esperados. Por ejemplo, un mal cálculo en un impuesto puede hacer que la carga y el peso económico sea considerado tan alto que las personas o empresas afectadas no deseen producir, ahorrar o generar riqueza. Lo anterior trae graves consecuencias para la economía de un país.

4.2.4 GASTOS ESTATALES Y LOCALES

El concepto mayor con diferencia es la educación ya que la mayoría de los niños se educan en escuelas financiadas principalmente por las administraciones locales. Intentando igualar los recursos educativos de que pueden disponer todos los niños, la educación pública contribuye a reducir grandes diferencias de oportunidades económicas que habría en caso contrario. En los últimos años, las partidas que más deprisa han crecido en los estados y municipios han sido la asistencia sanitaria y las cárceles. En las dos últimas décadas, el número de presos se triplico, ya que en Estados Unidos libró la batalla contra la delincuencia prolongando las condenas de cárcel, sobre todo en el caso de los delitos relacionados con las drogas. Al mismo tiempo las administraciones de los estados y de los municipios se vieron obligadas a absorber también la parte que les correspondía de los crecientes costes de la asistencia sanitaria.

4.3 EL AHORRO, CONSUMO Y LA INVERSION.

EL AHORRO:

Es el evitar gastar todo o parte del ingreso en bienes de consumo o servicios. También es definido como la diferencia entre el ingreso disponible y el consumo efectuado por una persona, una empresa, etc.

EL CONSUMO:

El punto final de la actividad económica que desvía a los bienes de otra aplicación y que se traduce en la destrucción o transformación del bien se le llama consumo. También se puede definir como la satisfacción de necesidades pero a la vez es la consecución de un fin en el empleo de los bienes. El consumo puede realizarse en forma económica y en forma no económica.

LA INVERSIÓN:

Es el acto mediante el cual se incrementa la abundancia de hacienda, bienes de cualquier especie, y más comúnmente de dinero. La inversión se refiere al empleo de un capital en algún tipo de actividad o negocio con el objetivo de incrementarlo. Dicho de otra manera, consiste en posponer al futuro un posible consumo.

4.3.1 TIPOS DE PROPUESTAS DE GASTOS

Listan las actividades primarias emprendidas por una unidad para alcanzar sus metas y asignan una cifra en dólares a cada una. Los gastos reducidos al ir acompañados de una producción estable, tanto en cantidad como en calidad, conducen a una mayor eficiencia. En tiempos de competencia intensa, recesión económica o algo parecido, los gerentes generalmente prestan primero atención económica, es decir al presupuesto de gastos como un sito en el cual hacer recortes y mejorar las ineficiencias económicas. Ya que todos los gastos no están ligados al volumen, no declinan en la misma proporción cuando la demanda de productos decrece. Los gerentes prestan atención especial a los gastos llamados fijos, aquellos que permanecen relativamente sin cambio sin tomar en cuenta el volumen. Conforme caen los niveles de producción, los gastos variables tienden a controlarse porque crean un decremento a la par que el volumen.

4.3.2 PROPENSION DEL AHORRO Y CONSUMO.

Llamaremos propensión media al consumo a ese porcentaje; la propensión media al consumo es decreciente. En cambio, llamaremos propensión marginal al consumo (pmc) al aumento que se produce en el consumo cuando la renta aumenta en una unidad. Keynes pensaba que la propensión marginal al consumo es constante, es decir, cuando los individuos conseguimos un aumento de nuestras rentas, destinamos siempre la misma proporción de ese aumento al consumo. Eso implica que la representación gráfica de la función de consumo es una recta con la misma pendiente sea cual sea la renta. Si la pmc es alta, la función de consumo está muy ajustada a la bisectriz, mientras que cuando la pmc es menor, la línea del consumo resulta más horizontal.

La propensión marginal al ahorro (pms) es el aumento en el ahorro cuando la renta aumenta en una unidad. Lógicamente, como cualquier aumento en la renta se destina al consumo o al ahorro, la suma de ambas propensiones es igual a la unidad: Pmc+Pms=1

EVALUACIÓN UNIDAD IV

1. ¿QUÉ ES EL GASTO PÚBLICO?

El gasto público es el flujo que configura la negatividad del resultado económico patrimonial, producido a lo largo del ejercicio por las operaciones conocidas de naturaleza presupuestaria o no presupuestaria.

2. MENCIONA 3 CARACTERÍSTICAS DEL DESARROLLO ECONÓMICO:

Dotar de Infraestructura, Energía, Comunicaciones y Transportes, Desarrollo agropecuario y forestal, Temas laborales, empresariales, Ciencia y Tecnología, Promoción de la capacitación y el empleo

3. ¿QUÉ ES EL GASTO FEDERAL?

Comprende los recursos que se destinan a cumplir y atender las funciones y responsabilidades gubernamentales.

4. EXPLICA LA FUNCIÓN REGULADORA CAMBIANTE DEL ESTADO:

Consiste en garantizar el funcionamiento del mercado a través de la configuración y el mantenimiento de un marco institucional, es decir, fijar y garantizar las normas para que la actividad productiva sea más eficiente.

5. EXPLICA LA FUNCIÓN ASIGNATIVA CAMBIANTE DEL ESTADO:

Se refiere a la producción por parte del Estado de bienes y servicios.

6. EXPLICA LA FUNCIÓN REDISTRIBUTIVA CAMBIANTE DEL ESTADO:

Consiste en la intervención del Estado en la economía con el objetivo de cambiar la distribución de la renta. Las dos formas que tiene para conseguir esto son:

7. ¿CUÁL ES LA FUNCIÓN DE LA POLÍTICA MONETARIA?

Se dedica a controlar la cantidad de dinero que hay en una economía.

8. ¿CUÁL ES LA FUNCIÓN DE LA POLÍTICA FISCAL?

Aplicar unos impuestos u otros para conseguir que la economía crezca.

9. ¿QUÉ SIGNIFICAN LAS SIGLAS "ISR"?

El Impuesto sobre la renta.

10. ¿QUÉ SIGNIFICAN LAS SIGLAS "IMPAC"?

El impuesto al activo.

5

DEMANDA Y OFERTA DE DINERO

5.1.1 DEMANDA DE DINERO

La demanda de dinero explica los motivos por los que los individuos deciden guardar una parte de su riqueza en forma de dinero, renunciando a la rentabilidad que podrían obtener si colocaran tales recursos en otros activos. Puede parecer paradójico que exista una demanda de dinero en vez de, en todo caso, de los bienes que se pueden adquirir con ese dinero. Para entender la demanda de dinero, es preciso recordar que la liquidez de un activo es la facilidad con puede convertirse en el medio de cambio de la economía. La definición de dinero es precisamente la de medio de cambio de la economía, por lo que es por definición el activo más líquido que puede existir, la demanda de dinero es por tanto demanda de liquidez frente a otros activos más rentables pero menos líquidos.

Demanda de dinero. Está constituida por tres motivos fundamentales:

1. Basado en la función que tiene el dinero como medio de cambio. La cantidad de dinero demandada dependerá de la producción.
2. El público desea mantener cierta cantidad de dinero disponible para hacer frente a necesidades o gastos extraordinarios.
3. El hecho de que el público mantiene dinero ocioso que no necesita para transacción ni por precaución y que no transforma en activos rentables cuando considera que el tipo de interés existente es suficientemente bajo como para esperar que suba en un futuro próximo.

5.1.2 FUNCIONES DEL DINERO

Es necesario primero hacer un preámbulo acerca de lo que es el dinero. Cualquier mercancía que adquiera un alto grado de aceptación en toda la economía llega a ser dinero. Posee cuatro funciones principales de cambio. Su función como tal es lo que lo distingue de otros activos como acciones, bonos o bienes y raíces. Formas concretas en que se manifiesta la esencia del dinero como equivalente general. En la economía mercantil desarrollada, el dinero cumple las cinco funciones:

1) Medio del valor
2) Medio de circulación
3) Medio de acumulación o de atesoramiento
4) Medio de pago
5) Dinero mundial

La función del dinero como medida del valor consiste en que el dinero (el oro) proporciona el material para expresar el valor de todas las demás mercancías. Toda mercancía, cualquiera que sea expresa su valor en dinero. De este modo resulte posible comparar cuantitativamente entre sí mercancías diversas. El dinero puede cumplir su función de medida del valor como dinero mentalmente representado o dinero ideal. Ello es posible porque en la realidad existe una determinada correlación entre el valor del oro y el valor de la mercancía dada. En la base de dicha correlación se encuentra el trabajo socialmente necesario invertido en la producción de uno y otra. El valor de la mercancía expresado en dinero es su precio.

La función del dinero como medio de circulación estriba en servir de intermediario en el proceso de la circulación de mercancías. Para ello ha de haber dinero efectivo. El dinero cumple esa función momentáneamente: una vez realizado el cambio de una mercancía, inmediatamente empieza a servir para realizar otra mercancía, etc. Esta circunstancia permite sustituir al dinero contante en su formación de medio de circulación por representantes suyos: las monedas fraccionarias de valor incompleto y el papel moneda.

La función del dinero como medio de atesoramiento se debe a que con él, dada su condición de representante universal de la riqueza, puede comprarse cualquier mercancía, y se puede guardar en cualquier cantidad. De ahí que la acumulación de riquezas y tesoros tome la forma de acumulación de dinero. Con el desarrollo de la economía mercantil-capitalista, se acentúa el poder del dinero, el poder de los ricos sobre los pobres. La fuerza social del dinero se convierte en fuerza de personas privadas. En estas condiciones, la acumulación del dinero pasa a ser un fin en sí. La función de atesoramiento, sólo puede realizarla el dinero de pleno valor: monedas y lingotes de oro, objetos de oro.

El dinero actúa como medio de pago cuando la compra-venta de la mercancía se efectúa a crédito, es decir, con un aplazamiento del pago de la mercancía. En este caso el dinero entra en la circulación cuando vence el tazo del pago, pero no ya como medio de circulación, sino como medio de pago. Cumple la misma función en las operaciones de préstamo, el pago de impuestos, la renta del suelo, de los salarios, etc. La función del dinero como medio de pago hace posible la liquidación recíproca de las obligaciones deudoras y economizar el dinero efectivo.

El dinero cumple su función de dinero universal en el mercado mundial y en el sistema de pagos entre los diversos países. En el mercado mundial, el dinero actúa bajo la forma natural, como lingotes de metales preciosos. El desarrollo de las funciones del dinero refleja el de la producción mercantil y sus contradicciones. Con el nacimiento y desarrollo del capitalismo, cambia de manera esencial el papel del dinero. Éste se convierte en capital, es decir, en medio de explotar el trabajo asalariado, en medio de apropiarse del trabajo no pagado de los obreros asalariados. Al mismo tiempo, en la sociedad capitalista utilizan el dinero en sus funciones corrientes los productores simples de mercancías, (campesinos, artesanos) y los obreros. En la sociedad socialista, donde el dinero expresa relaciones socialistas de producción, sus funciones se utilizan en la economía planificada en calidad de eficientes palancas económicas para el crecimiento planificado y rápido de la producción social y para elevar el bienestar del pueblo.

En la fase superior del comunismo, al desaparecer las relaciones monetario-mercantiles, desaparecen también las funciones del dinero.

5.1.2. PODER DE COMPRA

El poder del dinero se refleja en el poder de compra, la tasa a la cual el dinero se intercambia por bienes y servicios. Cuando mayor es el nivel de precios, menos bienes y servicios se pueden comprar con cada dólar, y menos vale cada dólar.

Cambios en el poder de compra de cada dólar en tiempo varían inversamente a los cambios en el nivel de precios. Mientras el nivel de precios aumenta, el poder de compra del dinero disminuye. Para medir el poder de compra del dólar en un año determinado, primero se calcula el índice de precios para ese año, después se divide 100 por ese índice de precios. Por ejemplo, relativo al periodo base de 1982- 1894, el índice de precios al consumidor para enero de 1996 fue de 154.4. Por lo tanto el poder de compra de un dólar fue de 100/154.4, o alrededor de $0.65, medido en dólares de 1982 – 1984.

5.1.3 VELOCIDAD DE CIRCULACIÓN

Número de veces que una unidad monetaria cambia de poseedor en un período dado. La velocidad de circulación que se considera en macroeconomía es un promedio de la velocidad de todas las unidades particulares. Los diferentes componentes de la masa monetaria tienen diferentes velocidades de circulación: la del dinero efectivo es más alta que la de las cuentas corrientes, y ésta es mayor que la de los depósitos de ahorro. Cuanto mayor es la velocidad de circulación mayor es la cantidad de transacciones que pueden realizarse con un monto determinado de dinero en un período dado. Esto tiene que ver con su liquidez, así existe mayor rentabilidad.

Si se toma a la renta nacional como una estimación del valor total de las transacciones económicas efectuadas en el país durante el ejercicio económico de referencia, la velocidad de circulación del dinero vendrá definida por la relación por cociente entre la cantidad total de dinero u oferta monetaria y la renta nacional. Medida de la rapidez con que el dinero se mueve de mano en mano.

Partiendo de la ecuación representativa de la teoría cuantitativa del dinero $MV = PT$, y donde M es la oferta monetaria, V la velocidad media de circulación del dinero, P los precios y T el volumen de transacciones, la velocidad de circulación del dinero puede definirse como $V = PT/M$, es decir, como la relación existente entre la cantidad de bienes o servicios o renta nacional expresada en términos nominales y la cantidad de dinero en circulación, lo que proporciona información acerca del número de veces que en un año el dinero cambia de manos.

5.1.4. TEORÍA CUANTITATIVA

La **teoría cuantitativa del dinero** es una teoría de determinación del nivel de precios que establece la existencia de una relación directa entre la cantidad de dinero y el nivel de precios de una economía. Su creador Jean Bodin.

5.1.5. CURVA DE DEMANDA DE DINERO

La **curva de la demanda** es la representación gráfica de la relación matemática entre la máxima cantidad de un determinado bien o servicios que un consumidor estaría dispuesto a pagar a cada precio de ese bien.

Es muy importante entender los efectos que tiene la demanda de dinero en la economía, ya que la comprensión de dicho elemento es esencial para la buena aplicación de políticas monetarias, las cuales va orientada hacia diferentes fines, dependiendo del objetivo que deseé alcanzar el banco central.

De igual manera no hay que dejar de lado que cuando se tiene dada una demanda de dinero estable, la teoría monetaria postula la existencia de una relación estrecha entre la cantidad del dinero y el PIB nominal; el nivel del producto medio esta medido a precios constantes y determina por el volumen de recursos reales y la eficiencia en su uso, el nivel general de los precios es una función del monto de dinero en circulación. La política monetaria expansiva.

Genera un incremento de los agregados monetarios que se traduce en inflación. De igual manera se deben de tomar en cuenta otros factores que son importantes:

La evolución misma de la demanda de los agregados monetarios.

La naturaleza cerrada o abierta de la economía, respecto a los flujos de dinero con el exterior.

Si se está en una economía abierta hay que tomar en cuenta el régimen cambiario que este en vigor.

5.1.6. FACTORES DESPLAZANTES DEL DINERO

1. COSTOS DE TRANSACCIÓN: de bonos a b&m.

Por ejemplo, cuando Disminuyen los cajeros automáticos, aumentan los costos de Transacción, por lo que aumenta la demanda de dinero, es decir, que hay un desplazamiento paralelo a la derecha. En los países con alto PIB, el costo de las transacciones es bajo debido a que su sistema financiero está más desarrollado.

2. RIQUEZA: Cuando aumenta la riqueza, aumenta la demanda de dinero.

3. NÚMERO DE TRANSACCIONES: Cuando aumenta el PIB real, aumenta el número de transacciones, por lo que aumenta la demanda de dinero.

5.1.7. RELACIÓN ENTRE VELOCIDAD Y DEMANDA DEL DINERO

FORMULACIÓN DE LA TEORÍA.

La teoría cuantitativa del dinero, parte de una identidad, la ecuación de cambio, según la cual el valor de las transacciones que se realizan en una economía ha de ser igual a la cantidad de dinero existente en esa economía por el número de veces que el dinero cambia de manos:

$PT = MV$

P = nivel de precios

T = número de transacciones

M = cantidad de dinero

v = número de veces que el dinero cambia de manos, es la velocidad de circulación del dinero

TEORÍA CUANTITATIVA DEL DINERO

Esta es la primera teoría dada por Fischer en 1911, la cual es:

$MV = PT$

Donde:

M= Es el acervo de dinero en circulación

V= La velocidad del dinero

P= Nivel de precios

T= Volumen de transacciones económicas realizadas en un cierto tiempo.

Esta identidad explica la relación que existe entre la cantidad de dinero en circulación y el valor nominal de las transacciones que se le llama: Velocidad de circulación del dinero. Los clásicos creían que tanto el volumen de las transacciones que se realizan en la economía, como la velocidad de circulación del dinero dependían de aspectos tecnológicos e institucionales, lo cual hacía suponer que los valores de equilibrio de ambas variables eran relativamente

Constantes. Esto llevo a postular que las variaciones en el nivel de precios son proporcionales a las variaciones de la cantidad de dinero.

La teoría cuantitativa del dinero, consistía en ser una teoría de determinación general de los precios y enfatizaba el papel de la oferta de dinero y no de la demanda, aunque ya se había reconocido la necesidad de los agentes económicos de poseer tenencias de dinero.

5.1.8. CAMBIOS EN LA VELOCIDAD

VELOCIDAD DEL DINERO

Indica el número de veces que circula o cambia de manos el stock de dinero en un periodo para financiar el flujo de la producción en ese mismo lapso.

Se calcula como: V= Velocidad

$V = \dfrac{PIB}{M}$ PIB= Producto Interno Bruto

M= Masa Monetaria

Tras el concepto de velocidad subyace la idea de que cada unidad monetaria de la economía puede ser gastada varias veces en el transcurso de un año.

Según la ecuación cuantitativa la cantidad nominal del dinero multiplicada por la velocidad del dinero es igual al stock nominal.

5.2. OFERTA DE DINERO[20]

Oferta de dinero: es un concepto macroeconómico que describe la cantidad de dinero disponible en una economía para comprar bienes, servicios y títulos de ahorro.

El sector monetario, a diferencia del sector real, trata sobre el mercado del dinero. Las mismas herramientas de análisis que se aplican a otros mercados pueden aplicarse al mercado del dinero. La oferta y la demanda resultan en un equilibrio del valor (tasa de interés) y de la cantidad (balances de efectivo).

El dinero no sólo consiste en monedas y billetes, sino también títulos bancarios, pagarés, cheques, cuentas bancarias.

Todo dinero en manos del público, es decir billetes y monedas, está asociado al sistema electrónico de crédito. Es una práctica común representarlos en el sistema métrico como **M0**.

Un concepto más exacto de la oferta de dinero (**M1**) incluye los billetes y monedas (**M0**) más los balances intangibles y los balances depósitos en moneda. La relación entre las ofertas de dinero **M0** y **M1** es el multiplicador de dinero (o multiplicador bancario), esto es, la relación del efectivo y el dinero en el bolsillo de la gente y las bodegas bancarias y los cajeros automáticos sobre los balances totales de sus cuentas financieras.

Debido a que dinero es cualquier cosa que pueda ser usada en pago por una deuda, hay una variedad de formas de medir la oferta del dinero. Las formas más restrictivas tienen en cuenta sólo esas formas

---

[20]   En realidad, los Bitcoin, no influyen, por el momento, la masa monetaria, toda vez, que no representan valores fiduciarios, en pocas palabras, no respaldan la producción real de viene y servicios, además, de que no están respaldados por ninguna entidad financiera, no banco central de ninguna Nación Estado.

de dinero disponibles para transacciones inmediatas, mientras que definiciones más amplias consideran dinero el almacenamiento de algo de valor. Las medidas más comunes son M0 (la más restrictiva), **M1, M2, M3, M4**.

- **M0**: el total de toda moneda física, más cuentas bancarias depositadas en el Banco Central Europeo (BCE)
- **M1**: M0 + la cantidad en cuentas de demanda (cuentas corrientes)
- **M2**: M1 + cuentas de ahorros, cuentas de economía de mercado y cuentas de certificados de depósito. Menores de US $ 100.000
- **M3**: M2 + todos las demás tipos de certificados de depósito, depósitos en euro, dólares y repartos
- **M4**:M3 + el cual si-dinero (pagarés y otros instrumentos financieros muy poco líquidos)

Después del 23 de marzo de 2006 la información estadística M4 deja de ser publicada por el Banco de la Reserva Federal de los Estados Unidos. Poco después desaparece el M3. Los otros tipos de medida de oferta de dinero se continúan publicando en detalle.

A. Conceptos generales y presentación de fórmulas

a) Como unidad de medida de Bs. SS. No es necesario la existencia física concreta.
b) Sirve como medio de Pago generalizado.
c) Sirve como medio de pago futuro.
d) Sirve para atesorar riquezas.

"Desde el punto de vista económico, lo único que nos interesa es la 2° función; "Medio de pago generalizado".

Dinero u Oferta de dinero

$$M = C + D$$

Donde:

M = Oferta de dinero

C = Circulante. Todos los billetes y monedas que posee el público

D = Depósitos Bancarios. Respecto a esto podemos decir que está compuesto

Por:

D = D1 + D 2.

Donde:

D1= Todos los depósitos a la vista

D2 = Todos los depósitos a plazo

Quienes pueden ofrecer dinero:

1. Gobierno: a través del BCRA
2. Público
3. El sistema financiero

EL GOBIERNO: BCRA.

El gobierno puede ofrecer dinero a través de la emisión de billetes y monedas. Es decir que es el único que puede emitir dinero. Caso contrario se estaría falsificando dinero.

Por lo tanto:

B = C + R

Dónde: B = Base Monetaria o dinero de alto poder.

C = Circulante

R = Reservas Bancarias. Respecto a esta variable. Podemos establecer que existe una tasa que se denomina encaje o efectivo mínimo. Y representa, en términos relativos, a las reservas bancarias sobre los depósitos. Por lo tanto:

$r = R / D$

Con esto podemos observar que los bancos, no pueden prestar todo lo que reciben de Depósitos. Esta regla la impone el BCRA, como garantía o respaldo ante contingencias que podría tener los bancos al no poder llegar a cobrar o recuperar los préstamos otorgados. Ya que:

EL PÚBLICO:

El dinero que posee el público puede tenerlo en el bolsillo o en su defecto en los bancos. Por lo tanto podemos establecer una relación de mucha utilidad que se denomina tasa de preferencia, y nos muestra cuanto del dinero que posee el público lo tiene en su bolsillo, respecto a los depósitos bancarios.

$e = C / D$

LOS BANCOS COMERCIALES:

Los bancos comerciales pueden ofrecer dinero a través de su capacidad prestable, que no es otra cosa que decir a través de Préstamos.

No nos olvidemos que los bancos poseen la siguiente estructura

Banco ZZ	
Reservas	Depósitos
Prestamos	

5.2.1. EVOLUCIÓN DE LA BANCA

Las finanzas mueven al mundo. De igual manera las finanzas deben moverse al ritmo que el mundo y la sociedad actual lo demande. En un mercado cuyos movimientos son cada vez más rápidos, es la tecnología lo que permite que las instituciones financieras tengan una aceleración cada vez mayor.

La banca ha experimentado cambios estructurales en los últimos años gracias a la tecnología, comenzando por la implantación de sistemas de operación transaccionales y siguiendo el desarrollo de interfaces automáticas, la integración de datos y sistemas y la implementación de tecnología de utilidad tanto para la banca como para el cliente. La instalación de cajeros automáticos dio la pauta para la automatización de procesos y procedimientos. Actualmente la banca electrónica se vislumbra en México como una realidad cercana.

Hoy en día los clientes pueden ver en línea su saldo en cuentas bancarias así como las transacciones realizadas casi en tiempo real. Además pueden realizar transferencias entre diferentes números de cuentas. En un futuro próximo la banca extenderá probablemente sus servicios ofreciendo servicios automatizados y personalizados en el área de inversión.

En este trabajo pretende responder a tres cuestionamientos: ¿Dónde está situado México en cuanto al uso de la banca electrónica? ¿Qué tecnologías aplicadas a la banca pueden lograr la globalización y optimización de servicios financieros? y ¿Garantizan estas tecnologías seguridad a los usuarios de la Banca electrónica?

Para lograr este propósito, el estudio se ha dividido en tres secciones:

A. Uso de la banca electrónica en México
B. Tecnología de información en la banca
C. Seguridad de operaciones electrónicas

USO DE LA BANCA ELECTRÓNICA EN MÉXICO

De acuerdo con un estudio de la ABM, en 1999 las transacciones bancarias por habitante promediaron 9.4, lo que equivaldría a poco más de 900 millones de operaciones bancarias en el año, de las cuales aproximadamente 270.3 millones se realizaron en sucursal y 630 millones en medios electrónicos como el Internet, el teléfono, banca electrónica (conexión directa a la red del banco) y cajeros automáticos.

De los otros medios electrónicos de acceso a las instituciones financieras, la ABM estima que al cierre de 2001 el número de tarjetas de crédito se incrementó 5.1 por ciento, a 7 millones, frente al año anterior, aunque antes de la crisis había 14 millones de tarjetas de crédito en circulación. Las tarjetas de débito subieron en ese mismo periodo 2.8 por ciento, a 33 millones.

El número de usuarios bancarios por Internet en México se triplicó al pasar de 700 mil en el 2000 a 2.4 millones en el 2001. La Asociación de Banqueros de México (ABM) estima que para el 2005 la cifra podría llegar a 4.5 millones. De acuerdo con la ABM, las tasas de crecimiento en los medios de pago electrónicos son muy altas, debido a que el proceso de migración hacia estos es todavía reciente observándose una reducción en el uso de los medios de pago más tradicionales como el cheque.

Según Eugenio P. Subiría, director corporativo de Banca Electrónica e Internet de Banamex, en 2014, el 70 por ciento de las transacciones del banco se hacían en sucursales y el 30 en medios electrónicos mientras que en la actualidad los números se han invertido. Simplemente Banamex, que tiene el 25.98 por ciento de participación del mercado con base en sus activos, cuenta con cerca de 8 millones de clientes, de los cuales 1.2 millones han acezado alguna vez a su portal y 600 mil realizan transacciones recurrentemente en el sitio, a través de sus aplicaciones móviles, internet, y medios digitales.

Alejandro Pineda, director de bancomer.com, declara que BBVA-Bancomer, que tiene el 25.54 por ciento de participación del mercado con base en sus activos, cuenta con 10 millones de clientes, de los cuales 754 mil son usuarios del Internet. En Internet, el número de operaciones se cuadruplico al pasar de 96 millones en el 2010 a 280 millones el año anterior, según datos de la ABM. De estas operaciones, se estima que el 78 por ciento fue consultas; 10 por ciento traspasos y 12 por ciento otro tipo de transacciones como el pago de servicios.

Este medio de acceso es además mucho más barato que las operaciones en sucursal. Aunque existen diversas estimaciones, directivos bancarios estimaron que el costo promedio de una operación en ventanilla es de 10 pesos, y en el ciberespacio de una décima parte.

De los otros medios electrónicos de acceso a las instituciones financieras, la ABM estima que al cierre de 2021 el número de tarjetas de crédito se incrementó 5.1 por ciento, a 7 millones, frente al año anterior, aunque antes de la crisis había 14 millones de tarjetas de crédito en circulación. Las tarjetas de débito subieron en ese mismo periodo 2.8 por ciento, a 33 millones.

Actualmente existen mil millones de cajeros automáticos en el país, 60 millones de Terminales Punto de Venta que el año anterior facturaron 1.5 billones de pesos.

TECNOLOGÍA DE INFORMACIÓN EN LA BANCA

El ritmo imparable de avance de las telecomunicaciones y de las tecnologías de la información, ha motivado que los Bancos y Cajas de Ahorros hayan dado el salto a la Red en busca de nuevos canales de distribución para llegar hasta sus clientes con nuevos servicios bancarios mejorados y personalizados. La apuesta de las distintas entidades bancarias ha sido muy extensa, ofreciendo a los usuarios un amplio espectro de posibilidades en cuanto a la oferta de productos y servicios financieros que pueden esperarse en el panorama bancario español. Las posibilidades que brindan las innovaciones tecnológicas en telecomunicaciones y gestión de la información son ilimitadas: desde la consulta de saldos y movimientos de la cuenta corriente personal mediante una pantalla interactiva, pasando por la realización de transferencias y otras operaciones a través de un teléfono celular con la última tecnología o la compra-venta de valores y acciones con la colaboración de agentes financieros software a través de Internet a precios muy ventajosos. El límite tan sólo viene impuesto por la imaginación de los proveedores de contenidos y servicios.

Este fenómeno que permite a los clientes operar con sus bancos con una flexibilidad, agilidad y comodidad ayer ni siquiera soñadas, recibe denominaciones diversas: banca electrónica, banca digital, banca virtual, banca en casa, banca a distancia, tele banca, banca online, banca móvil… y aunque uno podría adentrarse (y perderse) en la disquisición sobre los matices de cada término, lo cierto es que recientemente vienen utilizándose esas denominaciones indistintamente para nombrar a la posibilidad de operar con el banco sin necesidad de presentarse en sus oficinas.

El movimiento no es en absoluto nuevo, ya que desde hace años existen el acceso telefónico (banca telefónica) y los cajeros automáticos, que ya ofrecían soluciones tempranas de autoservicio y de gestión de las propias cuentas desde casa. Lo realmente novedoso de la banca digital y su motor de desarrollo y expansión es la oferta de nuevos servicios de valor añadido, sólo posibles a través de Internet u otros medios telemáticos.

En general, las Web de bancos y cajas no son sino una réplica virtual de algunos de los servicios ofrecidos al cliente en la ventanilla, con la comodidad de estar disponibles las 24 horas del día y desde cualquier lugar. De hecho, en cuanto a la accesibilidad, la posibilidad de conectarse al banco mediante un teléfono móvil GSM con mensajes SMS o con protocolo WAP para conocer el estado del crédito o si ha llegado la transferencia tan esperada, supone un avance importante hacia la globalización del sector bancario.

Internet, líneas telefónicas, telefonía celular GSM, harán posibles las aplicaciones multimedia en los teléfonos celulares, una gran variedad de tecnologías despliegan un inmenso abanico de posibilidades para crear nuevas estrategias que optimicen la relación de las grandes empresas, entre ellas los Bancos y la Bolsa de Valores, con sus clientes, buscando ofrecer nuevos productos y servicios mejorados y personalizados, teóricamente más baratos.

Ahora bien, contrariamente al efecto deseado, los consumidores corren el riesgo de que, como resultado del nuevo ciclo de fusiones, adquisiciones y alianzas que están teniendo lugar recientemente, se incremente el costo de los servicios a través de la reducción de oferentes en el mercado financiero y el encarecimiento de la intermediación bancaria. Como consecuencia, los pequeños clientes perderán importancia ante los nuevos mega bancos producto de las concentraciones bancarias que buscan afianzar el liderazgo a través de un mayor tamaño. Estos clientes carecen con frecuencia de los conocimientos económicos necesarios ante productos cada día más sofisticados, por lo que se vuelve acuciante la necesidad de ofrecerles información clara y comprensible sobre los servicios financieros ofertados y establecer períodos de reflexión que les permitan analizar las condiciones y compararlas con ofertas de otros bancos. Un uso malévolo de la banca digital puede ser el empujar a los usuarios a través de pantallas sucesivas hacia la contratación de servicios y productos en condiciones desfavorables, aceptadas irreflexivamente por el usuario, bien por ignorancia, bien llevados por la inercia generada por el hábil diseño de las páginas.

Otra tarea pendiente en el mercado mundial es la creación y legitimización del dinero electrónico, que permita dinamizar el sector del pequeño consumo dentro del capítulo del comercio electrónico. En la actualidad, todavía ningún banco mexicano ofrece dinero electrónico propiamente dicho, hábil para compras al por menor en Internet, basadas en micro pagos, que permiten pagar bienes y servicios por importes tan pequeños como se quiera. Los modelos de pago actuales mediante tarjeta de crédito, resultan inadecuados para compras de escaso valor, por lo que se están buscando soluciones alternativas. Los Bancos y Cajas deberán desarrollar nuevas normas que garanticen el funcionamiento y seguridad de este medio de pago y establecer los requisitos que la emisión de dinero electrónico deberá cumplir.

Por otro lado, es de esperar una línea de actitud de los Bancos y Cajas más comprometida con el fomento y desarrollo del comercio electrónico, que aún está muy verde. En el futuro próximo deberán ofrecer más soluciones para las pequeñas y medianas empresas, proporcionando soporte de TPV (Terminales de Punto de Venta), asesoramiento y facilidades para montar negocios en Internet y un descenso en las comisiones y mayor protección para los comerciantes en línea; formar mejor a su personal en las nuevas tecnologías e inaugurar servicios técnicos de ayuda para usuarios de banca digital y comercio electrónico, cualificados para solucionar las consultas en este nuevo ámbito; buscar nuevos modelos de negocio aprovechando el potencial siempre en aumento de la tecnología.

Se ha progresado significativamente en materia de disponibilidad de servicios y productos, comodidad y flexibilidad de uso, acceso a información en tiempo real de valores bursátiles y noticias económicas, democratización de mercados, reducción de precios y comisiones, asesoramiento y otras facetas de la actividad bancaria y financiera. Sin embargo, estos avances entrañan sus riesgos para los clientes y distan mucho de configurar un mercado ideal, que en el futuro tiende a estar dominado por un puñado de grandes bancos.

SEGURIDAD DE OPERACIONES ELECTRÓNICAS

Los mecanismos de seguridad implantados en la mayoría de Bancos y Cajas no son completamente satisfactorios para una actividad como la bancaria, en la que el usuario no sólo consulta saldos y movimientos de sus cuentas y tarjetas, sino que también puede efectuar transferencias y traspasos, así como comprar y vender acciones. No se puede admitir que los bancos se tarden mucho más en la implantación de certificados digitales como solución para la identificación bilateral de las partes implicadas en las transacciones a través de Internet. Queda por ver hacia qué tipo de soluciones tecnológicas se caminará en otros medios de acceso que irán volviéndose paulatinamente más populares como la TV interactiva digital o el teléfono celular con acceso a Internet.

Un banco en Internet se presenta a sus clientes a través de un Web. Esta es la cara y el interfaz a través del cual estos interactúan con sus activos, usando para ello un simple navegador. Como primera medida, la máquina dónde dicho WebSite está situado no es la máquina donde están los datos de los usuarios. Es el aplicativo Web o WAP (si se trata de telefonía celular) el que, cuando es necesario, accede a la verdadera máquina o Host en la que se encuentran los datos reales de los usuarios.

El muro de fuego: **Existe un primer nivel de seguridad física que protege los datos almacenados en el banco:**

La red a la que pertenece la máquina dónde se halla ubicada este interfaz o Web del banco, está protegida por lo que se conoce como un muro de fuego (firewall en inglés). Esto quiere decir que hay una barrera ante ella que va a rechazar sistemáticamente todo intento de conexión no controlada, basándose en una política de reglas que se establecen en dicho firewall. Es decir, sólo se admitirán conexiones a ciertos puertos, de determinadas procedencias, con determinados protocolos, etc.

Y por si esto fuera poco, la máquina por la que primero pasamos cuando traspasamos el muro es una especie de centinela que va a ser quien nos va a dirigir a la auténtica máquina donde reside el Web. Esto significa que si un hacker lograra atravesar la barrera inicial, aún tendría que conocer la manera de llegar a la máquina auténtica, burlando a nuestro centinela.

Los principales elementos en los que se basa el sistema de seguridad de la banca electrónica son:

Las claves: Clave personal, PIN o clave secreta. Cuando accedemos al banco en Internet, lo primero que se va a pedir es un código de usuario y una contraseña. Al tercer intento consecutivo erróneo (incluso si cada uno de los intentos va espaciado en el tiempo) el sistema expulsa al tenedor de la tarjeta, debiendo identificarse nuevamente ante el Banco para reactivarla.

Identificación operativa. Para todas aquellas operaciones que vayan más allá de las meras consultas, como por ejemplo realizar una transferencia, el sistema va a solicitar una segunda contraseña con el fin que le se rectifique la decisión. Se ofrece la posibilidad de cambiar esta clave siempre que se desee.

No obstante, el uso de claves puede no ser todo lo seguro que es deseable en un negocio de estas características, ya que si alguien con malas intenciones la llega a conocer, por el motivo que sea, podría hacerse pasar perfectamente por alguien más.

El certificado digital: Un certificado es un documento electrónico, emitido por una Entidad Certificadora, que identifica de forma segura al poseedor del mismo, evitando la suplantación de identidad por terceros. Es el componente esencial de la firma electrónica.

Es una herramienta que garantiza la identidad de los participantes en una transacción que requiera altos niveles de seguridad. Mediante él se demuestra a la máquina que recibe la conexión que somos quién realmente decimos ser. Esto se conoce con el nombre de identificación.

El servidor Web del banco en Internet también es poseedor de su correspondiente certificado digital y nos demuestra con ello que el Banco X es realmente el Banco X y no estamos enviando nuestros datos a un impostor que se ha metido por medio y pretende suplantarle con malsanas intenciones, aprovechándose de que nosotros no podemos ver dónde está realmente llegando nuestra conexión, allá en las oscuras profundidades de la Red.

Servidores seguros: El servidor Web del banco es un servidor seguro, esto es, establece una conexión con el cliente de manera que la información circula a través de Internet codificada, mediante algoritmos, lo que asegura que sea inteligible sólo para el servidor y el navegador que accede al Web, entendiéndose ambos mediante un protocolo que se ha dado en llamar SSL.

De este modo, ninguna persona externa, que eventualmente estuviera espiando ese trasiego de información, podrá descifrar nuestros datos confidenciales mientras viajan hacia y desde la red del banco. Un servidor seguro nos proporciona tres elementos de seguridad:

Autenticidad. Podemos tener la seguridad de que estamos comunicando nuestros datos al auténtico servidor del banco, al que le ha sido expedido el correspondiente certificado digital. De igual forma, a través de nuestro certificado digital personal, nos identificamos ante el banco durante las transacciones delicadas.

Confidencialidad. Los datos, en el caso de ser capturados por alguien, no podrán ser interpretados ya que viajan de modo codificado.

Integridad. Los datos llegan al servidor del banco sin sufrir alteración alguna por el camino, ya que si ésta se produce, por mínima que sea, SSL se da cuenta.

Para que un servidor sea seguro es necesario que tenga un certificado emitido por una Autoridad de Certificación (como VeriSign), quien concede dicho certificado después de una exhaustiva comprobación de los datos aportados por la empresa solicitante.

Se debe tomar en cuenta que cualquier sistema de seguridad puede ser violado, sin embargo, es difícil que esto suceda y cada vez lo será más.

5.2.2. CREACIÓN DEL DINERO

En los sistemas económicos actuales, el dinero es creado por dos procedimientos:

- **Dinero legal**, es el **creado por el Banco Central** mediante la acuñación de monedas e impresión de billetes (dinero como efectivo).
- **Dinero bancario**, es el **"creado" por los bancos privados** mediante las anotaciones en las cuentas de los clientes de los depósitos suscritos y de otros compromisos de pago.

La cantidad de dinero creada es medida mediante los agregados monetarios.

A. El proceso de creación de dinero

La cantidad de dinero existente en la economía se puede incrementar a través de las operaciones que realizan las entidades financieras:

- Depósitos
- Préstamos y Créditos

Cuando un agente económico deposita dinero en una entidad financiera, ésta va a prestar una parte a otros agentes económicos y otra parte se la queda en su poder. El porcentaje que se queda el banco de los depósitos se denomina COEFICIENTE DE CAJA, fijado por el Banco Central Europeo actualmente en el 2%.

En este proceso se observa que a partir de un depósito bancario y a través de sucesivas operaciones de préstamos y depósitos, se crea dinero en la economía.

La obligación que tienen las entidades bancarias de mantener un nivel de reservas (coeficiente de caja) se exige para poder hacer frente a los posibles reembolsos de los clientes de las entidades.

¿Cuándo termina el proceso?

Cuando no haya ninguna entidad financiera que mantenga reservas superiores al coeficiente legal de caja.

¿Cuánto dinero se puede crear como máximo?

Se multiplica la base monetaria por el denominado Multiplicador de la oferta de dinero (1 / Coeficiente de caja).

5.2.3. EXPANSIÓN MÚLTIPLE

El concepto de crecimiento económico se refiere al incremento porcentual del producto bruto interno de una economía en un período de tiempo.

Algebraicamente:

Crecimiento económico = $(PBI_2 - PBI_1) / PBI_1 = \Delta PBI / PBI$

Donde:

PBI_2: Producto bruto interno en el período 2

PBI_1: Producto bruto interno en el período 1

ΔPBI: Variación del producto bruto interno

Los valores suelen estar expresados en términos per cápita. (Producto interno bruto per cápita) y en términos reales para tener en cuenta los efectos de las variaciones en los niveles de precios, es decir, deflactando el PIB.

El crecimiento es una medida del bienestar de la población de un país o región económica y del éxito de las políticas económicas. Implícitamente, se supone que un elevado crecimiento económico es beneficioso para el bienestar de la población, es decir que un elevado crecimiento económico sería un resultado deseado por las autoridades políticas y por la población de un país. Aunque es una de las medidas más utilizadas, tiene inconvenientes que es necesario tener en cuenta, por ejemplo el PBI no tiene en externalidades, si el aumento del PBI proviene de actividades genuinamente productivas o de consumo de recursos naturales, y hay actividades que aumentan y disminuyen el bienestar o la producción y que no son incluidas dentro del cálculo del PBI, como la economía informal o actividades realizadas por fuera del mercado, como ciertos intercambios cooperativos o producción para el autoconsumo. Adicionalmente puede suceder que se evalúen políticas económicas mediante el uso del crecimiento económico en períodos de tiempo determinados sin tener en cuenta transferencias inter generacionales de recursos, como endeudamiento o consumo de recursos no renovables. El crecimiento económico tampoco tiene en cuenta lo que sucede con la distribución del ingreso. Usualmente se considera que una distribución del ingreso más progresiva implica un mayor bienestar. A pesar de todo esto, la medida de crecimiento económico es muy útil para analizar muchos elementos de la economía y la política económica.

CRECIMIENTO ECONÓMICO Y DESARROLLO SOCIAL

Un concepto más amplio que capta los aspectos no considerados por el producto bruto es el concepto de desarrollo económico, que incluye, además de aspectos como el nivel de producción, aspectos estructurales como la educación de la población, indicadores de mortalidad, esperanza de vida, etc. En el concepto de desarrollo también se incluyen nociones más abstractas como la libertad política, la seguridad social, etc.

¿Por qué no se usa el concepto de desarrollo económico u otras medidas del bienestar en lugar del concepto de producto interno bruto para medir el crecimiento económico? Básicamente, por la dificultad para medir el desarrollo económico. El desarrollo económico es un concepto muy amplio y no hay un consenso general sobre su definición exacta. Por otro lado, también es muy difícil trasladar la observación de desarrollo económico a una medida numérica del mismo, las comparaciones interregionales e inter temporales son muy difíciles. El producto bruto interno es una medida numérica de fácil interpretación, además, "encaja" bien en los modelos económicos, donde en general el producto de una economía es el resultado de la combinación de insumos productivos (capital y trabajo) utilizando una tecnología determinada.

CAUSAS DEL CRECIMIENTO ECONÓMICO

¿Cuáles son las causas del crecimiento económico?

Las teorías económicas de crecimiento se refieren al crecimiento de la producción potencial, o nivel de producción de pleno empleo.

La opinión popular suele dar tres tipos de respuestas con respecto a las causas del crecimiento económico: la primera nos dice que la economía crece porque los trabajadores tienen cada vez más instrumentos para sus tareas, más máquinas, es decir, más **capital**. Para los defensores de esta idea, la clave del crecimiento económico está en la inversión. La segunda respuesta es que los trabajadores con un mayor stock de conocimientos son más productivos y con la misma cantidad de insumos son capaces de obtener una mayor producción. Entonces la clave del crecimiento sería la educación, que incrementaría el **capital humano** o trabajo efectivo. El tercer tipo de respuesta nos dice que la clave está en obtener mejores formas de combinar los insumos, máquinas superiores y conocimientos más avanzados. Los defensores de esta respuesta afirman que la clave del crecimiento económico se encuentra en el **progreso tecnológico**. En general se considera que estas tres causas actúan conjuntamente en la determinación del crecimiento económico.

Las teorías de crecimiento económico explican sus causas utilizando modelos de crecimiento económico, que son simplificaciones de la realidad que permiten aislar fenómenos que se quiere estudiar. Estos modelos de crecimiento económico no se refieren a ninguna economía en particular, aunque sí pueden ser contrastados empíricamente. Ejemplos de modelos de crecimiento económico son el modelo de Solow, el modelo de Harrod Domar, el modelo de Kaldor, el modelo AK, el modelo de Ramsey, modelos de crecimiento endógeno, como el modelo de Romer, el modelo de Lucas o el modelo de Aghion y Howitt, etc.

EL MODELO DE CRECIMIENTO ECONÓMICO DE SOLOW.

El modelo de crecimiento económico más conocido es el modelo de crecimiento económico de Solow, también denominado modelo de crecimiento económico neoclásico.

El modelo de crecimiento económico de Solow se basa en una función de producción neoclásica en la cual el producto depende de la combinación de trabajo y capital y utiliza los típicos supuestos neoclásicos – productividad marginal decreciente, competencia perfecta, etc.- y su principal conclusión es que las economías alcanzarán un estado estacionario en el cual el crecimiento del producto per cápita es nulo. El nivel de producción del estado estacionario depende de la función de producción, es decir, de la tecnología, y de la dotación de factores. Sin embargo, en el estado estacionario el capital aumenta a la tasa de crecimiento de la población, y así lo hace la producción. Por esto, la producción per cápita se mantiene invariable. La tecnología no evoluciona a través del tiempo. Esto se produce porque el supuesto de competencia perfecta en todos los mercados elimina las potenciales ganancias por las mejoras tecnológicas, por lo que no existen incentivos para invertir en tecnología ni recursos para esa inversión (el pago a los factores agota todo el ingreso).

La **regla de oro del crecimiento económico** nos dice que la tasa de ahorro óptima es aquella que hace máximo el consumo. Con una tasa de ahorro menor, es posible aumentar el consumo porque un aumento del ahorro provocaría una mayor inversión, mayor capital, y mayor producción. Sin embargo, una tasa de ahorro mayor, implica un stock de capital tan elevado que gran parte del ingreso debe ser utilizado para financiar la depreciación del capital y no es posible utilizarlo para consumo.

CONVERGENCIA ECONÓMICA

La convergencia económica se refiere a la tendencia a que los niveles de producción per cápita se igualen a través del tiempo. La convergencia económica simple se verificaría cuando los países con mayor producción per cápita tengan un nivel de crecimiento económico menor que los países con menor producción per cápita. Dados factores idénticos, como instituciones, funciones de producción (tecnología), y tasas de ahorro, todos los países convergerán al mismo estado estacionario. Dado que no todos los países tienen las mismas características, estudios empíricos indican que la convergencia se verifica sólo entre países o regiones que poseen similares características.

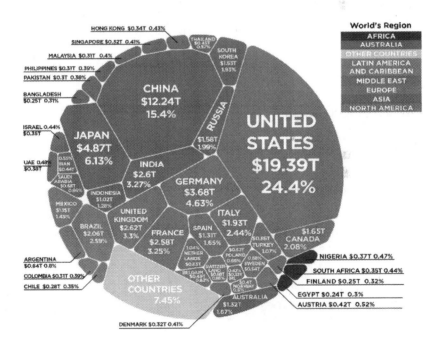

Fuente:www.econlink.com.arhttps://www.google.com/search?q=GRAFICA+DE+CR ECIMIENTO+ECONOMICO+MUNDIAL&client=firefox-b-d&tbm=isch&source=iu&ict x=1&fir=Jc30sBY3HwvZQM%252Cj7v8f9QPHTi78M%252C_&vet=1&usg=AI4_-kS7-2 PipgCMXQPgdLEwgJxBsGphEg&sa=X&ved=2ahUKEwikgdPWwujwAhVEWK0KHb U7D-MQ9QF6BAgKEAE&biw=1536&bih=752#imgrc=WkgTR8TCgXwNsM

En el gráfico se observar la participación absoluta y relativa en la producción económica, incluso, por regiones y bloques económicos.

CONTABILIDAD DEL CRECIMIENTO ECONÓMICO

La contabilidad del crecimiento económico se basa en el modelo neoclásico de crecimiento económico y es utilizada en análisis empíricos para explicar cuáles son los factores que contribuyeron al crecimiento económico. La contabilidad del crecimiento económico es un enfoque descriptivo. La ecuación básica para explicar las fuentes del crecimiento es la siguiente:

$$p\Delta y = w\Delta L + (\rho + \delta) \Delta K + R$$

(Ecuación 1)

Donde:

p: nivel de precios (constante)

Δy: cambio en el producto (PBI)

w: salario real (constante)

ρ: tasa de retorno real del capital

δ: tasa de depreciación real del capital

ΔL: cambio en la mano de obra

ΔK: cambio en el capital

R: residuo. Crecimiento no explicado por los incrementos en los factores tradicionales

Operando algebraicamente, esta expresión se puede transformar en:

$$p\Delta y / y = (wL / py) (\Delta L / L) + [(\rho + \delta) K / py] (\Delta K / K) + (R / y)$$

(Ecuación 2)

$$p\Delta y / y = sl (\Delta L / L) + [(\rho + \delta) sk] (\Delta K / K) + (R / y)$$

(Ecuación 3)

Tasa de crecimiento económico =

Tasa de participación del trabajo en el PBI x tasa de crecimiento de la cantidad de trabajo

+

Tasa de participación del capital en el PBI x tasa de crecimiento del capital

+

Residuo

Las investigaciones empíricas arrojaron como resultado que en la mayoría de las economías gran parte del crecimiento estuvo "explicado" por el crecimiento del residuo. A menudo el residuo "explicaba" más del 50% del crecimiento económico.

La explicación que se dio como respuesta a este resultado es que para calcular la contribución del trabajo y el capital al crecimiento económico, se debe tener en cuenta la mejora en la calidad del trabajo (capital humano) y la mejora en la calidad del capital (avance técnico). Bajo el supuesto neoclásico de competencia perfecta, el mercado captaría estas mejoras en las remuneraciones a los factores, es decir, las diferencias en las productividades de los distintos tipos de trabajo se reflejaría en distintos salarios y las diferencias en las productividades de los distintos tipos de capital se reflejaría en distintas remuneraciones al capital.

La ecuación de la contabilidad del crecimiento económico que incluye las mejoras en la calidad de los factores es entonces:

$$p\Delta y = \Sigma_i w_i \Delta L_i + \Sigma_j (\rho_j + \delta_j) \Delta K_j + R'$$

(Ecuación 4)

Es decir:

Tasa de crecimiento económico =

Tasa de participación del trabajo en el PBI x (tasa de crecimiento de la cantidad de trabajo + **tasa de crecimiento de la calidad del trabajo)** +

Tasa de participación del capital en el PBI x (tasa de crecimiento del capital + **tasa de crecimiento de la calidad del capital)**

+

Residuo

FUENTES DEL CRECIMIENTO ECONÓMICO

En la última fórmula, el residuo R' no contiene la contribución del cambio en la calidad del trabajo ni la contribución del cambio en la calidad del capital al crecimiento económico. Según el economista Arnold Harberger, en su artículo "A Visión of The Economic Growth Process", esto nos permite concentrarnos en el residuo. Las causas de la variación del residuo han sido analizadas por los economistas de diversas maneras. Algunos hablan de "cambio tecnológico", otros de "incremento de la productividad total de los factores", Harberger prefiere hablar de "reducción de costos reales".

Los economistas se han ido concentrando en algunas formas particulares de reducciones de costos reales: Paul Romer (1986) se concentró en la retroalimentación que produce el "conocimiento".

Robert Lucas (1988) se concentró en las externalidades que producen los incrementos del capital humano. Estos autores desarrollaron modelos de crecimiento económico que intentaban endogeneisar R o R' (por esto se denominan modelos de crecimiento endógeno), pero no representan la naturaleza multifacética de la reducción de costos reales.

5.2.4. COMPRA DE BONOS

Un Bono es una promesa de pagar una determinada cantidad de dinero, a una tasa de interés y en una fecha futura dadas. Un bono es un instrumento de deuda.

Pueden ser emitidos por entidades gubernamentales o empresas, permitiéndoles a cambio obtener financiamiento. De esta manera, las empresas pueden llevar a cabo sus proyectos con fondos obtenidos en condiciones más favorables que las ofrecidas por el crédito tradicional bancario.

La emisión de bonos permite que los emisores se encuentren "directamente" con los agentes superavitario de fondos. Al no existir un intermediario (banco), la tasa de interés obtenida es más favorable tanto para los colocadores como para los tomadores de recursos.

Pueden ser comprados por inversionistas individuales, empresas, gobierno, inversionistas institucionales, entre otros. Los tenedores de bonos no son dueños de la empresa, sin embargo en el caso que esta se liquide, éstos tendrán prioridad para recuperar sus inversiones frente a los accionistas que tienen la última prioridad.

La mayoría de los bonos pagan intereses periódicamente (cada trimestre o semestre) y algunos los pagan al vencimiento. Los pagos periódicos se conocen como "cupones" ó coupons. Generalmente los bonos pagan una tasa de interés fija aun cuando también existen emisiones que pagan intereses variables (por ejemplo el promedio de las tasas de interés activa pagadas por los bancos X y Z.

Los bonos pueden ser emitidos a Corto, Mediano y Largo Plazo. En algunos mercados reciben nombres diferentes en función a su duración: papeles comerciales, Bills, debentures, o notes cuando son emitidos a corto plazo.

Asimismo es común que los emisores acuerden la "redención" o recompra de los bonos en algún momento antes de su vencimiento. Usualmente la redención es a la "par" (al valor pagado por el comprador cuando fueron emitidos). También pueden redimirse a un precio mayor, llamado calling. Esta estrategia es empleada cuando las tasas de interés bajan, permitiéndole a las empresas reemplazar deuda cara con fondos obtenidos a tasas de interés más favorables.

El precio de los bonos fluctúa, diariamente en respuesta a diversas variables, pero principalmente a las tasas de interés. El precio de los bonos se comporta de manera inversa al de la tasa de interés. Cuando la tasa de interés baja, el precio del bono sube, pues es más atractivo que otras alternativas (paga intereses más altos). Viceversa, cuando la tasa de interés sube, el precio de los bonos baja. El cambio en el precio es más fuerte en los bonos de largo plazo. A mayor plazo de vencimiento, mayor es la voluntad del bono. El precio de los bonos es igual al Valor Presente de los intereses periódicos y del principal pagado al vencimiento.

Cuando un gobierno o empresa desea emitir bonos, utiliza a la banca de inversión quien se encargará de estructurar la emisión y colocarla en el público (oferta primaria). Esta colocación puede realizarse de manera privada o pública, en cuyo caso la mayoría de Comisiones de Valores requieren la elaboración de un documento con amplia información sobre el emisor y los valores a ser ofertados (prospecto).

Al concluir la colocación de los bonos, la misma casa se bolsa puede crear un mercado secundario para que los compradores de los bonos puedan venderlos en cualquier momento (liquidez). Asimismo, puede optarse por su inscripción en una

BOLSA DE VALORES.

En la mayoría de los mercados, se exige que los bonos colocados públicamente cuenten con la clasificación de riesgo otorgada por entidades clasificadores de riesgo. De esta manera, los inversionistas pueden conocer el nivel de riesgo asociado al emisor y al bono. Entre las más conocidas tenemos Standard & Poor's, y Moody's.

TIPOS DE BONOS

Se pueden distinguir las siguientes clasificaciones de bonos:

- Bonos al Portador bearer o Nominativos registred.
- Dependiendo de si el certificado respectivo lleva información del propietario. Los bonos al portador son más líquidos pues no requieren que el propietario se registre ante el emisor para que éste le entregue un nuevo certificado, sin embargo en la mayoría de los mercados está prohibida su emisión. Por ejemplo, fueron prohibidos en los Estados Unidos en 1,982.
- Eurobonos.

Son emitidos en los Estados Unidos por gobiernos o empresas no estadounidenses y en dólares norteamericanos.

- Bonos de Alto Rendimiento Junk Bonds.

Son bonos que ofrecen elevadas tasas de rendimiento debido al alto riesgo asociado a su emisión.

- Bonos Cupón Cero.

Son bonos que no pagan intereses periódicos. Al vencimiento el emisor redime los bonos a su valor facial o a la par. Obviamente, el costo original del bono es menor a su valor a la par, esto es, son colocados

Con un descuento. Generalmente estos bonos pagan intereses más altos que los bonos con cupón. También existen bonos que combinan periodos sin pago de cupón con pagos posteriores de intereses. Los bonos cupón cero son altamente volátiles. Estos bonos son atractivos para los emisores pues no tienen que pagar intereses periódicamente.

- Bonos Convertibles.

Estos bonos pueden convertirse en acciones de la empresa que los emitió. El precio de estos bonos fluctúa con el precio de la acción asociada. Para el ejercicio del derecho de conversión, se suele fijar un precio de conversión.

- Bonos Municipales. Son bonos emitidos por gobiernos estatales o locales

Son muy populares en los Estados Unidos, gozando en la mayoría de los casos con exoneraciones de los pagos de impuestos federales y/o estatales o locales.

En los Estados Unidos son muy comunes los bonos emitidos por los gobiernos locales "municipal Bonds", contando la mayoría de ellos con exoneraciones en el pago de impuestos locales.

5.2.5. BANCOS COMERCIALES.

Un banco comercial en un tipo de intermediario financiero y un tipo de banco. Los bancos comerciales son también conocidos como bancos de negocios. Después de la Gran Depresión, el Congreso de Estados Unidos exigió que los bancos sólo realicen actividades bancarias, mientras que los bancos de inversión fueron limitados a actividades en el mercado de capitales. Como ya no era necesario que los dos tipos de bancos fueran propiedad de diferentes dueños de acuerdo a la ley de Estados Unidos, algunos usaron el término "banco comercial" para referirse a un banco o a una división de un banco que mayormente administraba depósitos y préstamos de corporaciones o grandes negocios. En otras jurisdicciones, la estricta separación de banca de inversión y banca comercial nunca se aplicó. Los bancos comerciales pueden también ser vistos separados de los bancos minoristas, que cumplen la provisión de servicios financieros directamente a los consumidores. Muchos bancos ofrecen servicios tanto de banca minorista como de banca comercial.

EL ROL DE LOS BANCOS COMERCIALES

Los Bancos Comerciales realizan las siguientes actividades:

- Procesar pagos a través de transferencias telegráficas, EFTPOS, Banca On-Line u otros medios
- Emitir letras bancarias y cheques
- Aceptar dinero en depósitos a plazo
- Prestar dinero por medio de Descubiertos, préstamos, u otros
- Proveer letras de crédito, garantías, bonos de rendimiento, y otras formas de exposiciones fuera de balance
- Salvaguardar documentos y otros ítems en cajas de seguridad
- Cambiar moneda
- Venta, distribución o corretaje, con o sin asesoramiento, de seguros, fondos de inversión y productos financieros similares como un "supermercado financiero

TIPOS DE PRÉSTAMOS PROVISTOS POR BANCOS COMERCIALES.

PRÉSTAMO ASEGURADO

Un Préstamo asegurado es un préstamo en el cual el prestamista toma algún bien (como un carro o propiedad inmueble) como Prenda (seguro) para el préstamo.

PRÉSTAMO.HIPOTECARIO:

Un Préstamo hipotecario es un tipo muy común de instrumento de deuda, usado para comprar bienes inmuebles. Bajo este acuerdo, el dinero es usado para adquirir una propiedad. Los bancos comerciales, sin embargo, son provistos de una caución (embargo) en la Escritura de la vivienda hasta que la hipoteca es cancelada en su totalidad. Si el acreedor Quiebra, el banco tendrá derechos legales para tomar posesión de la propiedad y venderla, para recuperar el dinero remanente.

PRÉSTAMO.NO.ASEGURADO:

Los Préstamos no asegurados son préstamos que no están garantizados contra los bienes del solicitante (no hay embargos involucrados). Estos pueden estar disponibles en instituciones financieras bajo diferentes premisas o paquetes de mercadeo:

- Deuda de tarjeta de crédito,
- Préstamos personales,
- Descubiertos bancarios
- Facilidades de crédito o líneas de crédito
- Bonos corporativos

5.2.6. CLASIFICACIÓN GENERAL DE LOS SISTEMAS MONETARIOS.

DEFINICIONES DE SISTEMA MONETARIO:

- El sistema o patrón monetario es el conjunto de monedas existentes que son simultáneamente empleadas en un momento y lugar determinados.
- El Sistema monetario es el conjunto de unidades monetarias que existen en un país. También es la forma en que se organiza el funcionamiento de la moneda en el mismo.

Al sistema monetario también se le llama Patrón monetario y es la estructura legalmente establecida para la circulación de dinero en un país y momento determinados.

CARACTERÍSTICAS DEL SISTEMA MONETARIOS.

* Tiene una unidad monetaria; por ejemplo: peso, dólar, euro, franco, libra.
* Cuenta con un patrón monetario: metálico o no metálico.
* Opera principalmente con dinero subsidiario: moneda fraccionaria.

EL PODER LIBERATORIO MONETARIO
SE DA DE DOS FORMAS:

* Limitado, que es para la moneda fraccionaria.
* Ilimitado que es para los billetes.

CLASIFICACIÓN DE LOS SISTEMAS MONETARIOS.

1. Sistemas Metálicos:
   * Monometalismo – oro
   * Monometalismo – plata
   * Bimetalismo oro – plata
2. Sistemas Papel Moneda.

5.2.7. EL DINERO Y LA TASA DE INTERÉS.

Una de las funciones más importantes del banco de México, es controlar la inflación. Para lograrlo utiliza la política monetaria.

En pocas palabras podemos decir que la política monetaria consiste en influir en las tasas de interés. Esto funciona de la siguiente manera: cuando tienes dinero ahorrado en una institución financiera, te pagan una cantidad extra por tu ahorro: los intereses. Mientras mayor sea la tasa de interés más dinero querrás tener ahorrando en algún banco en lugar de gastarlo pronto.

Piensa que has juntado dinero suficiente y no sabes si utilizarlo para poner un negocio o meterlo en un banco para que te de intereses. ¿De qué va depender tu decisión? Normalmente elegirías la opción en la que ganes más. Si la tasa de interés es alta, es más probable que quieras dejarlo ahorrando en lugar de comprar todo lo necesario para poner tu negocio. Se podrá decir que entre más alta se la tasa de interés, menos bienes y servicios deseearas adquirir. Como consecuencia la demanda de bienes y servicios no aumentara y los preciosa tampoco.

En cambio, si necesitas dinero que no tienes, es más probable que acudas a un banco si la tasa de interés que tienes que pagar es baja que sin son altas. Las tasas de interés que ofrecen los bancos influyen en que tanto la gente ahorra, pide prestado y gasta. En este sentido podemos decir que la tasa de interés es el costo del dinero.

5.3.INSTRUMENTOS.PRIMARIOS. DE.POLÍTICA.MONETARIA.

Los instrumentos primarios de la política monetaria pueden ser de tres tipos:

- Política de reservas mínimas:

Se instrumenta a través de variaciones que las autoridades imprimen al coeficiente legal de caja, para mantener constante el excedente de liquidez, una elevación del coeficiente provoca una reducción del multiplicador y una reducción de créditos. Si el coeficiente disminuye el sector bancario obtiene un excedente de reserva y expansión de crédito.

Este mecanismo es un instrumento poderos, para regular el volumen de créditos en los bancos, aunque no son viables las variaciones frecuentes en periodos cortos. Es un instrumento.de.acción. discontinuo.

* Política de mercado abierto: Compra y venta de activos primarios (oro, divisas y valores).

Efectos: 1.- Cantidad de dinero en circulación 2.- tipo de interés en el mercado.

Las operaciones de mercado abierto constituyen el mejor instrumento para que el banco central lleve a cabo sus operaciones porque él puede comprar y vender el volumen que requiera, estas dependen directamente del BC, pueden llevarse a cabo en pequeña cantidades, pueden.cambiarle.rumbo.fácilmente.

La política de mercado abierto es de importancia decisiva para la actuación a corto plazo pues es rápida, flexible y eficaz del banco central.

* Política de redescuento y de crédito: La entidad bancaria puede conseguir del banco central medios legales de pago mediante redescuento de letras que tenga en su cartera, es necesario que aquel que esté dispuesto a redes contar las letras y que la entidad bancaria quiera pagar el precio del tipo de redescuento.
* El alcancé y la efectividad dependerá del comportamiento y la consideración del banco central al reducir o no el volumen de redescuento, el volumen del crédito.y.la.creación.de.dinero.
* La política de redescuento constituye un medio incompleto, para controlar el volumen de créditos, influencia al banco central en forma menor que la reserva mínima y el mercado abierto.

5.3.1. INSTRUMENTOS DE LA POLÍTICA MONETARIA.

DINERO: Es un activo financiero que tiene como función básica posibilitar el intercambio dadas las desigualdades de valor de los bienes y las diversas necesidades de sus poseedores.

FUNCIONES:

a) Unidad de medida o valor.
b) Medio de cambio.
c) Medio de Pago.
d) Reserva de valor.

OFERTA DE DINERO: El derecho a imprimir dinero es casi siempre un monopolio legal del gobierno.

DEMANDA DE DINERO: Keynes.

3 MOTIVOS:

1) TRANSACCION: Cantidad de dinero que las empresas y los individuos desean tener para cubrir el tiempo entre el momento que reciben la renta y el momento que hacen el gasto.

2) PRECAUCION: Cantidad de Dinero que los individuos y las empresas desean mantener para protegerse contra imprevistos.
ESPECULACION:

POLITICA MONETARIA.

Se refiere a las decisiones que las autoridades monetarias toman para alterar el equilibrio en el mercado de dinero, es decir, modificar la cantidad de Dinero o la tasa de interés.

a) Tasa de interés: A mayor cantidad de dinero, menor será la tasa de interés, por lo tanto aumentan los créditos afectando la rentabilidad de las inversiones e incrementando el consumo.

b) Tipo de Cambio: Cuanto mayor sea el tipo de cambio, menor será el precio en moneda extranjera de las exportaciones, por lo tanto, mayor será la demanda por las exportaciones del país. Por el contrario, cuando el tipo de cambio sea alto, a los importadores no les resultará atractivo importar.

TIPO DE CAMBIO FLEXIBLE O FLOTANTE

El tipo de cambio no es fijado por las autoridades monetarias, sino que puede variar en las condiciones de oferta y demanda.

TIPO DE CAMBIO FIJO

La autoridad monetaria interviene para determinar el tipo de cambio. Establece una franja donde el tipo de cambio se determine libremente, e interviene cuando el precio de la moneda tiende a apartarse de esa franja, comprando o vendiendo divisas.

5.3.2. POLÍTICA EN EL MODO SIMPLE Y COMPLEJO

a) Política monetaria en el modo simple.

El "corto" como instrumento de la política monetaria

Federico Rubli Káiser

Desde 1995, el principal instrumento para la conducción de la política monetaria utilizado por el Banco de México es el Sistema de Saldos Acumulados, conocido coloquialmente como el "corto". No obstante que el Banco de México viene aplicándolo desde hace ya varios años, persisten concepciones erróneas sobre su operación e impacto. Éstas terminan por generar equívocos entre la opinión pública. Resulta por ello pertinente repasar las principales características e implicaciones del "corto".

SUMINISTRO DE LIQUIDEZ.

Una función esencial del Banco de México es la de suministrar billetes y monedas (comúnmente conocidos como liquidez o base monetaria) necesarios para que la sociedad pueda llevar a cabo sus transacciones cotidianas. Para ello, diariamente, los bancos comerciales requieren una cierta cantidad de dinero, misma que es calculada por el Banco Central. Para surtir esta cantidad demandada de liquidez, el Banco de México cuenta con las siguientes dos "ventanillas":

a) Todos los días el Banco de México realiza transacciones con el sistema bancario, llamadas operaciones de mercado abierto, para inyectar la mayor parte de la liquidez demandada. Actualmente, dichas operaciones se realizan a través de subastas, en las cuales el Banco de México otorga créditos de corto plazo, a tasas de interés de mercado.

b) En adición a las subastas de crédito mencionadas, el Banco de México puede suministrar una cantidad complementaria de liquidez, permitiendo a los bancos comerciales sobregirarse en las cuentas corrientes que mantienen con el Banco Central (las llamadas Cuentas Únicas, las cuales equivalen operativamente a las cuentas de cheques que les abren a sus clientes los bancos comerciales). Precisamente el llamado "corto" opera a través de dicha ventanilla.

¿CÓMO FUNCIONA EL "CORTO"?

Mediante el "corto", el Banco de México define su postura de política monetaria restrictiva. El "corto" se expresa como una cifra negativa (-350 millones de pesos en la actualidad) que representa un objetivo para la suma de los saldos acumulados de las Cuentas Únicas de todos los bancos del sistema. Imponer un "corto" significa que el Banco de México suministra a través de sus operaciones de mercado abierto al comienzo de ese día marginalmente menos liquidez de la que se piensa que requiere el sistema (literalmente lo deja "corto"). Pero como el Banco de México debe satisfacer todos los días la demanda de base monetaria, algunos bancos comerciales se verán obligados a incurrir en un sobregiro en las Cuentas Únicas antes mencionadas para allegarse del faltante temporal de liquidez.

Al momento en que un banco comercial incurre en el mencionado sobregiro, el Banco de México no le cobra una tasa por esos recursos. Cabe destacar que al siguiente día después de imponer el "corto", el Banco de México ya no induce sobregiro adicional alguno. Sin embargo, existe una regla mediante la cual después de periodos de medición de 28 días, aquel banco comercial que mantenga en su Cuenta Única un saldo acumulado negativo estará sujeto a una sanción de dos veces la tasa de Cetes aplicada a dicho saldo. Dado que el objetivo de la suma de saldos de todos los bancos es negativo (-350 millones) para cada periodo referido de 28 días, siempre habrá bancos que terminan pagando la tasa de penalización. ¿Cuáles bancos? Aquellos que no alcanzaron a compensar sus sobregiros. Consecuentemente, lo único que hace el "corto" es modificar el costo al cual el Banco de México suministra la liquidez requerida.

Por lo anterior, puede afirmarse que las interpretaciones de que el "corto" retira liquidez del mercado son totalmente equivocadas. Por ejemplo, el pasado viernes 10 de noviembre, cuando el Instituto Central incrementó el "corto" en 40 millones de pesos, al inicio de ese día el Banco de México dejó de suministrar liquidez por dicha cantidad a través de sus operaciones de mercado abierto (la primera ventanilla), lo cual obligó a algunos bancos a sobregirarse en sus Cuentas Únicas durante el día (la segunda ventanilla). Sin embargo, es importante reiterar que al fin de cuentas, ni dicho viernes 10 ni en ninguna otra fecha, el Banco de México dejó de proporcionar los recursos necesarios para satisfacer las necesidades de liquidez del público. Lo único que el Instituto Central modificó fue la forma y eventualmente el precio (tasa de interés) a los cuales se proporcionó la liquidez al sistema.

SEÑAL PARA AUMENTAR LAS TASAS DE INTERÉS.

Ahora bien, dada la sanción que el Banco Central impone al mantenimiento de saldos de sobregiro después de la regla de 28 días, el banco comercial que se encuentre en esa circunstancia tendrá un incentivo para captar recursos en el mercado y depositarlos en su cuenta corriente con el Banco Central para así compensar el sobregiro y evitar la penalización. Al desplegar esos esfuerzos, los bancos comerciales con sobregiro presionarán al alza las tasas de interés en el mercado. Y es precisamente ese impulso alcista el que envía la señal de una política monetaria restrictiva.

Es decir, desde este punto de vista aumentos en el "corto" funcionan como un mecanismo de envío de señales de que el Banco de México modifica la postura de su política monetaria. Puesto que esta variación es hacia la restricción, la medida inducirá aumentos temporales de las tasas de interés. Cabe destacar que como medida cuantitativa el monto del "corto" es insignificante. Ello es así toda vez que el valor del "corto" equivale a una proporción mínima de la base monetaria (por ejemplo el "corto" actual de 350 millones de pesos es muy reducido frente a un tamaño de la base de aproximadamente 162 mil millones de pesos, es decir, apenas equivale al 0.22 por ciento del saldo de dicha base). Al respecto, casi resulta ocioso reiterar que la utilidad del "corto" no es cuantitativa; su efectividad reside en su capacidad de emitir una señal en el sentido requerido sobre la postura de la política monetaria.

RECAPITULACIÓN.

Un "corto" da lugar a que una porción pequeña de la demanda de base monetaria se satisfaga a través de un sobregiro. Debido a que existe una penalización para aquellos bancos que persistan en saldos sobregirados después de cierta fecha, ese hecho induce que las tasas de interés se presionen temporalmente al alza. Esta señal de tasas más elevadas actúa sobre las expectativas de inflación, reduciéndolas, lo que conlleva una disminución de las presiones inflacionarias. Es importante insistir en que el Banco de México siempre satisface la demanda de billetes y monedas que es determinada colectivamente por el público, por lo tanto, un "corto" no retira liquidez del mercado como tampoco absorbe dinero de la circulación.

COLOFÓN.

Existen otros instrumentos que podría utilizar el Banco de México para la conducción de su política monetaria. La ventaja del "corto" es que permite que las tasas de interés se sigan determinando por las fuerzas del mercado. Con ello, ningún participante en el mismo (incluido, por supuesto, el Banco Central) determina a su arbitrio las tasas de interés. Asimismo, al funcionar como señal de una postura más restrictiva de la política monetaria, incide sobre las expectativas inflacionarias y ello ha permitido transitar hacia una economía con menor inflación. A la vez, se han evitado volatilidades marcadas en las tasas de interés perturbando lo menos posible la marcha del sector real de la economía.

b) Política monetaria compleja

La política monetaria es una política económica que usa la cantidad de dinero como variable de control para asegurar y mantener la estabilidad económica. Para ello, las autoridades monetarias usan mecanismos como la variación del tipo de interés, y participan en el mercado de dinero.

Cuando se aplica para aumentar la cantidad de dinero, se le llama política monetaria expansiva, y cuando se aplica para reducirla, política monetaria restrictiva.

OBJETIVOS FINALES DE LA POLÍTICA MONETARIA.

* Estabilidad del valor del dinero
* Plena ocupación o pleno empleo (mayor nivel de empleo posible)
* Evitar desequilibrios permanentes en la balanza de pagos

TIPOS DE POLÍTICA MONETARIA.

Puede ser expansiva o restrictiva:

Política monetaria expansiva: cuando el objetivo es poner más dinero en circulación.

Política monetaria restrictiva: cuando el objetivo es quitar dinero del mercado.

Política monetaria restrictiva: cuando el objetivo es quitar dinero del mercado.

Política monetaria expansiva.

Cuando en el mercado hay poco, dinero en circulación, se puede aplicar una política monetaria expansiva para aumentar la cantidad de dinero. Ésta consistiría en usar alguno de los siguientes mecanismos:

- Reducir la tasa de interés, para hacer más atractivos los préstamos bancarios.
- Reducir el coeficiente de caja (encaje bancario), para poder prestar más dinero.
- Comprar deuda pública, para aportar dinero al mercado.

REFERENCIAS:

R tasa de interés, OM oferta monetaria, E Tasa de equilibrio, DM demanda de dinero. Según los monetaristas, el banco central puede aumentar la inversión y el consumo si aplica esta política y baja la tasa de interés. En la gráfica se ve cómo al bajar el tipo de interés (de r1 a r2), se pasa a una situación en la que la oferta monetaria es mayor (OM1).

Política monetaria Restrictiva.

Cuando en el mercado hay mucho dinero en circulación, interesa reducir la cantidad de dinero, y para ello se puede aplicar una política monetaria restrictiva. Consiste en lo contrario que la expansiva:

- Aumentar la tasa de interés, para que pedir un préstamo sea más caro.
- Aumentar el coeficiente de caja (encaje bancario), para dejar más dinero en el banco y menos en circulación.
- Vender deuda pública, para quitar dinero del mercado cambiándolo por títulos.

Referencias:

R tasa de interés, OM oferta monetaria, E Tasa de equilibrio, DM demanda de dinero.

De OM0 se puede pasar a la situación OM1 subiendo el tipo de interés. La curva de demanda de dinero tiene esa forma porque a tasas de interés muy altas, la demanda será baja (cercana al eje de ordenadas, el vertical), pero con tasas bajas se pedirá más (más a la derecha).

OPERACIONES DE MERCADO ABIERTO.

Las operaciones de mercado abierto, u OMA para abreviar, corresponde a un tipo de operación de compra-venta realizada por el banco central en el mercado abierto.

Son una de las medidas de planificación de política monetaria que pueden llevarse a cabo en un mercado abierto, junto con la modificación de la tasa de interés, la modificación de la tasa de cambio y la modificación de la tasa de encaje bancaria y operaciones con el sector público y con el propio sector bancario.

En general una OMA corresponde a la compra o venta de títulos públicos (u otra clase de títulos) por el banco central en el mercado abierto, es decir, no es realizada directamente con quien emite el título. Efectos sobre la Economía.

Además del encaje bancario que obliga a los bancos del sistema a mantener en el banco central una reserva porcentual a sus obligaciones depositarias a su cargo, el banco central cuenta con las operaciones de mercado abierto como instrumento de política monetaria, que le permite restringir o ampliar la oferta monetaria, alternado la cantidad de depósitos bancarios. Para ello, los agentes del banco central se dirigen al mercado público o abierto para comprar o vender títulos-valores (bonos), según se pretenda crear o destruir depósitos bancarios. El banco central, al vender títulos-valores, reduce la circulación monetaria, y al comprar, la aumenta.

Las OMAS de venta de bonos se considera política monetaria contractiva (reduce la cantidad efectiva de dinero que circula abiertamente), mientras que la compra de bonos se considera expansiva (el efecto opuesto). Estas operaciones se caracterizan por la aceptación del público en el contexto económico y un rezago de instrumentalización leve en comparación con las otras medidas de carácter monetario. Dadas estas características se puede considerar que las OMA en una economía estable pueden reducir los riesgos sistemáticos de las operaciones de planificación monetaria

5.3.3. FLUCTUACIONES EN EL CRECIMIENTO DE LA OFERTA DE DINERO

VARIACIONES EN LA OFERTA DE DINERO

La neutralidad de la política monetaria en el modelo clásico

Ahora que sabemos cómo funciona la curva de vaciado del mercado de dinero, estamos listos para estudiar los efectos de la política monetaria en los modelos clásico y keynesiano.

Empezaremos con el caso clásico de precios perfectamente flexibles. Consideremos los efectos de un cambio muy simple de la política monetaria. Supongamos que la oferta de dinero es siempre constante, excepto en el momento t cuando el banco central aumenta inesperadamente la oferta de dinero MST. (Sería equivalente decir que el banco aumenta inesperadamente la tasa de crecimiento del dinero $\mu t-1=(MST - MST-1)/MST-1$ entre los períodos t-1 y t.)

Supongamos también que el cambio en Ms se entiende como permanente, por lo que todo el mundo espera que la oferta de dinero permanezca constante en su nuevo nivel, mayor para siempre después del momento t.

¿Qué ocurre? Un aumento de la oferta nominal de dinero, sin ningún otro

Cambio, implica que el mercado se hace más líquido. Por ello la curva LM se desplaza hacia abajo y a la derecha, como dice la Regla M2. Éste es el efecto (1) en el diagrama:

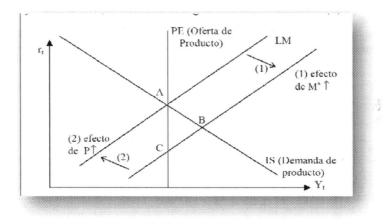

Modelo clásico: aumento de la oferta de dinero

Al dibujar este diagrama suponíamos que antes del cambio de la oferta de

Dinero, las tres curvas (demanda de producto IS, oferta de producto PE, y vaciado del mercado de dinero LM) se cruzaban en el mismo punto A. Parece razonable, porque dijimos que la oferta de dinero siempre había sido constante hasta el momento t, por lo que los precios ya se habrían ajustado para igualar la demanda y la oferta de cookie.

Pero fijémonos que después del cambio en la oferta de dinero MST, hay un problema: ¡las tres curvas ya no pasan por el mismo punto! La demanda y oferta de producto se cruzan en el punto A, pero la IS y la LM se cruzan en el punto B, mientras que la PE y la LM se cruzan en el punto C. ¿Cuál de estos puntos (¿¡si alguno!?) nos muestra el verdadero equilibrio de Yt y rt?

Esto parece un dilema, pero se resuelve fácilmente en el modelo clásico porque

Según este enfoque, los precios son flexibles. Con más dinero nominal MST, el nivel de precios nominal Pt debe subir para igualar la demanda de dinero con la oferta. La subida de los precios desplaza la curva LM hacia arriba y a la izquierda (como muestra (2) en el diagrama). En otras palabras, un aumento de Pt puede devolver la LM al lugar del que partió, con lo que las tres curvas vuelven a cruzarse en el punto inicial A.

De hecho, la ecuación LM nos dice que los precios deben aumentar exactamente

En la misma proporción que aumentó la oferta de dinero. Es decir, tanto los precios como la oferta de dinero deben crecer a la misma tasa entre t-1 y t. Veamos la ecuación:

LM otra vez:

a ecuación LM nos dice que los precios deben aumenta orción que aumentó la oferta de dinero. Es decir, tan dinero deben *crecer* a la misma tasa entre *t-1* y *t*. Veam

$$\frac{M_t^s}{P_t} = m^d\left(Y_t, r_t + \pi_t, \gamma\right) \qquad (LM)$$

nentamos tanto M_t^s como P_t un cinco por ciento (*
ón no cambia. Esto significa que el desplazamiento ha

Fijémonos que si aumentamos tanto MST como Pt un cinco por ciento (μt-1=πt-1=0.05), entonces la ecuación no cambia. Esto significa que el desplazamiento hacia la derecha causado por el aumento del cinco por ciento en MST se cancela exactamente por el desplazamiento hacia la izquierda causado por el aumento del cinco por ciento en Pt, con lo que la curva LM acaba exactamente donde empezó.

Concluimos que este cambio de la oferta de dinero no cambia nada salvo el

Nivel de precios, que salta inmediata y permanentemente en la misma proporción que aumentó la oferta de dinero. El resultado real (incluyendo Yt y rt y otras variables reales) no cambia esto es la "dicotomía clásica" otra vez. Resumiendo:

REGLA C1.

En el modelo clásico, un aumento de la oferta de dinero inesperado y Permanente desplaza la LM hacia abajo y a la derecha, causando un inmediato y permanente aumento en el nivel de precios en exactamente la misma proporción (desplazando la LM hacia arriba y a la izquierda, así que vuelve a su posición inicial). Por lo tanto, no hay ningún efecto real. Aquí hemos analizado un aumento de la oferta de dinero, concretamente un aumento inesperado y permanente, pero el principio es más general. Podríamos haber considerado una caída, o un cambio temporal, o un cambio anticipado, pero la conclusión principal sería siempre la misma: el nivel de precios se ajusta, todo lo necesario, para desplazar la curva LM de nuevo al punto donde la demanda de producto y la oferta de producto se cruzan. Una manera de resumirlo es:

REGLA C2.

En el modelo clásico, la política monetaria es neutral.

La "neutralidad" de la política monetaria quiere decir que el nivel de la oferta de dinero no tiene efectos reales. El equilibrio real (Yt, rt) está determinado por la oferta y la demanda de producto, no por los factores nominales asociados con la curva LM.

5.3.4. CONTROL DE PRECIOS Y SALARIOS.

CONTROLES.DE.PRECIOS.

Si para determinados productos el gobierno fija precios máximos inferiores al nivel que el mercado hubiera establecido, continuar su producción implica una pérdida para los productores marginales. Estos últimos, que producen con los costos más elevados, quedan fuera del negocio y deben dedicarse a la producción de otros artículos sin topes de precios. Esta es la razón por la cual la intervención del gobierno restringe la oferta disponible para el consumo. La intervención del gobierno para facilitar la obtención del producto en cuestión resulta en una restricción de la oferta y logra el efecto contrario al deseado.

Si esa experiencia no es suficiente para demostrarle al gobierno lo inútil de su proceder, se le torna necesario implementar medidas adicionales que fijen precios de los factores de producción requeridos para la fabricación del bien de consumo de que se trata. De este modo la historia se repite en otros planos y va ocupando toda la cadena de producción y comercialización (en nuestro caso actual, por ejemplo, productores ganaderos, frigoríficos, carnicerías).

Llevado al extremo, el proceso va transformando a una economía de mercado en un sistema de planificación centralizada (socialismo). Ya no son los consumidores sino el gobierno el que decide qué se debe producir, en qué cantidad y con qué calidad. Los trabajadores (a los que se les quiso convencer de que se actuaba en su favor) deben trabajar por salarios establecidos por decretos y probablemente en las fábricas que las autoridades les han asignado. Se desemboca en el totalitarismo donde el gobierno está por encima de todo, determinando los ingresos de cada ciudadano y su nivel de vida.

Sobre el proceso anterior escribió F. Von Hayek en Camino de Servidumbre al alertar en cuanto a que si bien parece fácil advertir los peligros de un régimen totalitario como el nazi o el comunista, a través del socialismo democrático también se puede desembocar con mucha facilidad en el totalitarismo, que es su consecuencia ineludible.

¿FUNCIONAN LOS CONTROLES DE PRECIOS?

Visto ya no desde la fundamentación académica, la opinión de economistas, los textos publicados que tratan el tema, etc. sino bajo el simple detalle y mención de todas las experiencias e implementaciones, hay un record histórico de 4,000 años de catástrofes causadas.por.los.controles.de.precios.

Se registran más de 100 casos en los cuales se implementaron políticas de control de precios y salarios, en treinta naciones diferentes, desde el año 2000 A.C. hasta nuestros días.

Las lamentables experiencias se inician en Egipto hace más de 40 siglos y continúan en Sumeria, Babilonia, India antigua, Grecia, Imperio Romano (con el célebre edicto de Diocleciano), desde el Medioevo hasta los inicios de la Era Moderna, las experiencias de Canadá y Estados Unidos de los siglos XVII y XVIII, la Revolución Francesa, la 1ª. Guerra mundial, la Alemania nacional socialista, la Unión Soviética, los controles de alquileres de la posguerra, etc. etc.

En resumen, durante 4000 años miles de políticos irresponsables prometieron que por su decisión y por decreto las cosas serían más baratas y abundantes.

Y los resultados fueron exactamente los opuestos: desabastecimiento (algunas veces de consecuencias extremas); deterioro de la calidad; proliferación de mercados negros; incentivo a la delación; destrucción de la capacidad productiva en las industrias donde los precios son controlados; severa distorsión de los mercados; creación de una burocracia para ejercer los controles; estímulo a la corrupción y peligrosa concentración de poder en los manos de esa burocracia.

Para finalizar se transcriben dos opiniones, una de un economista americano refiriéndose a las experiencias de controles en su país y otra de un prestigioso semanario:

Escribió P. Webster en 1780 "...es extraño, es inconcebible para mí, que alguna persona de discernimiento normal, que haya estado en conocimiento de los ensayos y sus efectos, pueda tener la idea de insistir nuevamente con cualquiera de estos métodos..."

Escribió Business Week refiriéndose a la historia de los controles de precios: "... ¿por qué los políticos piensan con tanta frecuencia que ellos pueden hacer lo que no logró nadie en la historia?...

EVALUACIÓN UNIDAD V

Subraya la respuesta correcta en cada una de las preguntas

1.- LA DEMANDA DE DINERO SE DIVIDE EN TRES ETAPAS. ¿CUÁLES SON?

a) Dinero como medio de cambio, dinero disponible para gastos extraordinarios y poseer dinero ocioso esperando a que su interés suba

b) Dinero como medio de cambio, poder de compra y tener dinero disponible para gastos extraordinarios.

c) Posesión de dinero ocioso en espera de que suba su interés, dinero disponible para gastos extraordinarios y dinero como medio de atesoramiento

2.- EN EL MERCADO MUNDIAL, EL DINERO ACTÚA BAJO LA FORMA NATURAL, COMO LINGOTES DE METALES PRECIOSOS. EL DESARROLLO DE LAS FUNCIONES DEL DINERO REFLEJA EL DE LA PRODUCCIÓN MERCANTIL Y SUS CONTRADICCIONES. ESTO SE REFIERE A LA FUNCIÓN DEL DINERO COMO...

a) Medio de pago

b) Dinero mundial

c) Medio de circulación

3.- ¿QUÉ ES Y PARA QUE NOS SIRVE LA CURVA DE LA DEMANDA DEL DINERO?

a) Es una representación gráfica que ayuda a sacar la relación matemática entre la máxima cantidad de un bien o servicio que un consumidor estaría dispuesto a pagar por ese precio

b) Sirve para los consumidores que estén dispuestos a gastar el mínimo de cierto precio de un bien o servicio

c) Es una representación gráfica que ayuda al consumidor a decidir en gastar en bienes y servicios

4.- ¿CUÁLES SON LOS FACTORES QUE HACEN A LA CURVA DE LA DEMANDA DEL DINERO DESPLAZARSE?

a) Los Cambios de gustos o preferencias de los consumidores que consumen más y ahorran menos.

a) El gasto público, aumento en la inversión, incremento en la oferta monetaria, estimulación de la actividad económica y cambios y gustos de los consumidores.

b) Un incremento en la oferta monetaria, estimulación de la actividad económica.

5.- ¿QUÉ ES UN BONO?

a) una promesa de pagar una determinada cantidad de dinero, a una tasa de interés y en una fecha futura dadas.

b) Son emitidos en los Estados Unidos por gobiernos o empresas no estadounidenses y en dólares norteamericanos.

c) Cantidad de dinero que las empresas y los individuos desean tener para cubrir el tiempo entre el momento que reciben la renta y el momento que hacen el gasto.

6.- ¿QUÉ SON LOS SISTEMAS MONETARIOS?

a) Son bonos que ofrecen elevadas tasas de rendimiento debido al alto riesgo asociado a su emisión.

b) es el conjunto de monedas existentes que son simultáneamente empleadas en un momento y lugar determinados.

c) Pueden ser emitidos por entidades gubernamentales o empresas, permitiéndoles a cambio obtener financiamiento.

7.- ¿ES UN CONCEPTO MACROECONÓMICO QUE DESCRIBE LA CANTIDAD DE DINERO DISPONIBLE EN UNA ECONOMÍA PARA COMPRAR BIENES, SERVICIOS Y TÍTULOS DE AHORRO?

a) Demanda de dinero.

b) Ingreso personal disponible.

c) Oferta de dinero.

d) Sector monetario.

8.- EN LOS SISTEMAS ECONÓMICOS ACTUALES, EL DINERO ES CREADO POR DOS PROCEDIMIENTOS:

a) Depósitos y Prestamos.
b) Dinero legal y Dinero bancario.
c) Impreso y Circulante.
d) Dinero Impreso y Dinero Electrónico.

9.- ¿A QUÉ ACCIÓN HECHA POR EL BANCO DE MÉXICO SE LE DENOMINA "CORTO"?

a) Al recorte de personal de dicho banco.
b) El Banco de México suministra a través de sus operaciones de mercado abierto al comienzo de ese día marginalmente menos liquidez de la que se piensa que requiere el sistema.
c) Retiro de liquidez del mercado así como la absorción dinero de la circulación por parte del Banco de México

10.- ¿CUÁLES SON LOS OBJETIVOS FINALES DE LA POLÍTICA MONETARIA?

a) • Estabilidad del valor del dinero.
   • Plena ocupación o pleno empleo (mayor nivel de empleo posible).
   • Evitar desequilibrios permanentes en la balanza de pagos.
b) • Reducir la tasa de interés, para hacer más atractivos los préstamos bancarios.
   • Reducir el coeficiente de caja (encaje bancario), para poder prestar más dinero.
   • Comprar deuda pública, para aportar dinero al mercado.
c) • Aumentar la tasa de interés, para que pedir un préstamo sea más caro.
   • Aumentar el coeficiente de caja (encaje bancario), para dejar más dinero en el banco y menos en circulación.
   • Vender deuda pública, para quitar dinero del mercado cambiándolo por títulos.

6

DESEMPLEO E INFLACION

6.1 ASPECTOS DEL DESEMPLEO

El paro es una de las mayores preocupaciones sociales en todos los países. En algunos países de Latinoamérica superan al 40% de la población activa. El problema económico más grave en estos países es la falta de empleo. Sus consecuencias sociales afectan a la vida cotidiana no solo de los que buscan empleo sino a la de todos los ciudadanos.

6.1.1 DEFINICIÓN DE DESEMPLEO

El término desempleo es sinónimo de desocupación o paro. Desempleo, paro forzoso o desocupación de los asalariados que pueden y quieren trabajar pero no encuentran un puesto de trabajo. En las sociedades en las que la mayoría de la población vive de trabajar para los demás, el no poder encontrar un trabajo es un grave problema. Debido a los costes humanos derivados de la privación y del sentimiento de rechazo y de fracaso personal, la cuantía del desempleo se utiliza habitualmente como una medida del bienestar de los trabajadores. La proporción de trabajadores desempleados también muestra si se están aprovechando adecuadamente los recursos humanos del país y sirve como índice de la actividad económica.

6.1.2 DESEMPLEO FRICCIONAL

El desempleo fraccional es aquel desempleo debido al tiempo que los trabajadores invierten en la búsqueda de empleo. Existen dos razones por la que una cierta proporción de desempleo fraccional es inevitable. La primera es el proceso constante de destrucción y creaciones de empleo. La segunda es el hecho de que siempre hay nuevos trabajadores entrando en el mercado laboral.

Una pequeña cantidad de desempleo fraccional es relativamente inofensiva incluso puede llegar a ser buena. La economía es más productiva si los trabajadores se toman un tiempo en buscar un trabajo adecuado a sus calificaciones. Además los trabajadores que están desempleados durante un breve periodo de tiempo mientras buscan un empleo adecuado no experimentan privaciones graves.

La inflación es un movimiento hacia arriba en los precios que: es compartido por todos los componentes del deflector de precios y que es sostenido.

6.1.3 DURACION DEL DESEMPLEO

¿Qué parte del desempleo es de larga duración y de enorme preocupación social y que parte es de corta duración, debido a que los trabajadores cambian rápidamente de empleo?

La tasa del desempleo mide el desempleo en momentos determinados. Por lo tanto, no nos dice nada acerca de cuánto tiempo permanece sin trabajo el desempleado promedio.

Pero basados en ejemplos se toma la duración del desempleo en 1999, año de pleno empleo en estados unidos. Una sorprendente característica de los mercados de trabajo de estados unidos es el hecho de que una elevadísima proporción del desempleo es de corta duración. En 1999, dos quintas partes de los desempleados llevaban menos de 5 semanas sin trabajo y el desempleo y el desempleo de larga duración era un fenómeno raro.

6.1.4 DESEMPLEO ENCUBIERTO

Conjunto de personas de una economía que estando en paro no están oficialmente registradas como tales. Las causas de dicha circunstancia son el subempleo (personas que desempeñan una función inferior a su categoría), las jornadas laborales excesivamente cortas, la existencia de trabajadores que no buscan empleo de forma activa, etc.

6.1.5 QUIENES SON LOS DESEMPLEADOS

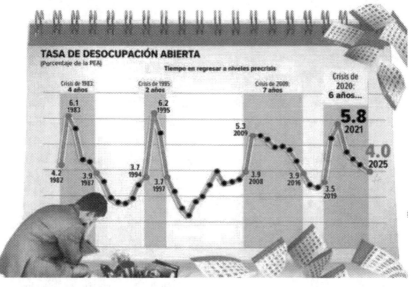

FUENTE: https://www.dineroenimagen.com/actualidad/desempleo-en-2021-maximo-en-25-anos-pronosticos-del-fmi/127611

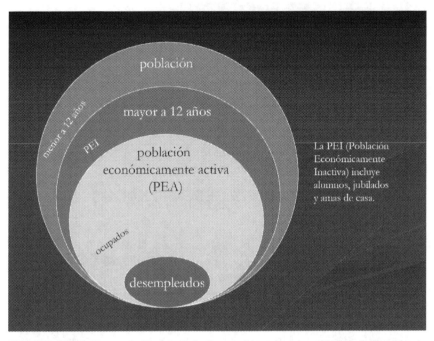

FUENTE: INEGI. Encuesta Nacional de Ocupación y Empleo (ENOE). Población de 14 años y más.

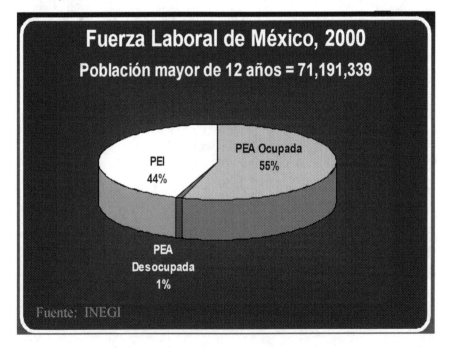

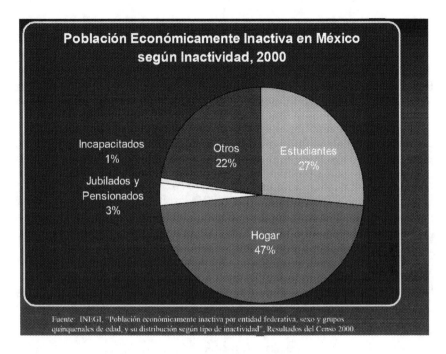

Población Económicamente Inactiva en México según Inactividad, 2000

Incapacitados 1%
Jubilados y Pensionados 3%
Otros 22%
Estudiantes 27%
Hogar 47%

Fuente: INEGI, "Población económicamente inactiva por entidad federativa, sexo y grupos quinquenales de edad, y su distribución según tipo de inactividad", Resultados del Censo 2000.

6.1.6. LOS COSTOS DEL DESEMPLEO

La evolución de la economía mundial en los últimos diez años puede ser caracterizada por fenómenos bien diferentes: achicamiento del Estado, disminución en la tasa de crecimiento de la producción con respecto a la registrada en la década del setenta y una mayor predisposición de los países a comerciar entre sí. Todo esto se dio en un marco de importantes avances tecnológicos y de movimientos internacionales de capitales que obligaron a las unidades productivas a realizar profundas reestructuraciones, ya sea en el tamaño de sus plantas como en las técnicas a utilizar. Estas modificaciones impactaron en forma directa sobre el mercado laboral, produciendo caídas en los ingresos de los trabajadores, con el consiguiente agravamiento de los índices de pobreza y reducciones en los niveles de empleo junto con desmejoramientos en las condiciones de trabajo.-

En este período la desocupación creció en porcentajes elevados en casi todo el planeta causando preocupación en los gobiernos debido a la firmeza de su tendencia ascendente y a la heterogeneidad de la población afectada según el grado de desarrollo relativo de cada región.

Se estima que en 1997 en el mundo, el número de personas sin trabajo o con problemas de empleo podría superar los 1000 millones, alrededor del 30% de la fuerza laboral total. Además, uno de cada cinco individuos vive por debajo del umbral de la pobreza, el 20% de la población de los países, y más de 800 millones de personas padecen de desnutrición crónica. Si a estos datos se le incorporan los signos de exclusión social que aparecen en todas las naciones -discriminación, intolerancia, falta de alimentos, Educación y Salud- la situación en que se encuentra la humanidad es realmente preocupada.

Las consignas neoliberales que se aplican para lograr el ajuste estructural no necesariamente garantizan el crecimiento económico con equidad social. La política monetaria y fiscal no debe ser tomada en forma independiente de los problemas de empleo.

Por otro lado, la globalización, en los términos en que hasta ahora se está dando, a pesar de los beneficios materiales que promete otorgar, amenaza con crear serios problemas sociales debido al desigual reparto del ingreso dentro de cada país y entre países. En consecuencia, hay que buscar nuevas reglas de distribución que sean socialmente más justas, tanto en el orden doméstico como en el internacional.-

La política económica debe estar orientada a promover el crecimiento con una creación neta de puestos de trabajo que sean productivos, abundantes y de calidad satisfactoria. Es necesario que la sociedad tome conciencia que el flagelo de la desocupación solo podrá ser eliminado a través de la acción conjunta del Estado y los agentes privados dentro del sistema de la economía de mercado. Es incorrecto afirmar que las regulaciones son fuentes de rigidez y que su eliminación es la solución óptima para el empleo.-

La tasa natural de desempleo definida como aquella para la cual no hay presiones inflacionarias, hoy considerablemente más elevada;

sin embargo no es inmutable y puede ser cambiada ya sea a través de la acción de las empresas y de las familias y por modificaciones en las políticas gubernamentales.-

Las principales causas de la suba de la tasa natural de desempleo puede sintetizarse en dos grandes grupos:

a) Los cambios en los comportamientos de las instituciones políticas de los países que favorecieron la difusión de las nuevas tecnologías, las formas de organización de la producción doméstica, el comercio internacional y la integración de los mercados de capitales.

b) La falta de adecuación de la mano de obra a la nueva realidad laboral, existencia de información imperfecta y las rigideces en el mercado.

Muchos líderes políticos y empresarios ponen gran énfasis en señalar las ventajas del actual modelo económico, pero no se observa igual intensidad en advertir sobre los costos y los traumas sociales que produce. La falta de trabajo conduce a un marcado deterioro de las capacidades psicológicas de la persona que lo sufre.

Además de la redistribución inequitativa del ingreso que produce el paradigma de la globalización, aparecen problemas relativos a la situación personal en cada uno de los miembros de una comunidad debido a la sensación de impotencia que deja el desempleo. El trabajo no solamente es una fuente generadora de riqueza y de ingreso, sino también, es un hecho de reconocimiento social que lo humaniza y dignifica.

En las familias afectadas por el desempleo y la consiguiente pérdida de ingreso, se observan niveles de ansiedad, depresión, hostilidad, paranoia, suicidio y violencia familiar, sensiblemente más altos que para los casos en los que este fenómeno no está presente. A su vez, los síntomas de agotamiento o continuo deterioro de la salud mental y física aumentan a tasas crecientes a medida que transcurre el tiempo sin trabajo. Todo este le impone a la sociedad gastos adicionales en salud, educación y capacitación, servicios de seguridad y de justicia que podrían haber sido destinados a otras alternativas.

El desarrollo integral de una sociedad no se logra solo a través del mecanismo de libre mercado, sino que debe estar acompañado de políticas de gobierno que corrijan sus fallas y promuevan la eficiencia económica y la equidad social.

La nueva división internacional del trabajo asociada con una distribución del ingreso más injusta, hace que el desempleo y la pobreza creciente pasen a ser una amenaza a la estabilidad política y a la paz social de los países.

De ahí que la acción del Estado debe estar dirigida a cubrir aspectos cruciales de la población:

a) otorgarle a las personas sin ocupación o con problemas laborales de una apropiada red de protección integral en el tiempo, debido al nivel de la vulnerabilidad social en el que se encuentran hay proyecciones que indican que el desempleo durará un largo período y por lo tanto es prioritario brindarle protección que incluya bienestar, capacitación atendiendo a las demandas de la industria y a las falencias de los trabajadores, educación, nutrición y salud a fin de evitar la decadencia que produce el desempleo.

b) Promover mejores condiciones de trabajo, haciendo cumplir las leyes laborales que prohíben el trabajo forzoso, el trabajo de los niños, etc.

c) Evitar toda forma de discriminación: sexo, raza, nacionalidad, lengua, etc.

d) Reducir la jornada de trabajo para redistribuir el empleo con mantenimiento del ingreso.

e) Alentar la inversión para el desarrollo de nuevas empresas, emprendimientos u otras infraestructuras que generen nuevos empleos.

El avance tecnológico, el crecimiento económico, la creación de puestos de trabajo y la protección social son hechos no antagónicos entre sí y lograr su total armonía sirve para hacer máximo el nivel de bienestar de los pueblos.

El aumento de la productividad media del capital y del trabajo es un hecho positivo para la sociedad y que reduce los costos unitarios e incrementa la redistribución de los factores de la producción. Sin embargo, esta búsqueda no de implicar el abandono de aquellos que por diferentes motivos poseen las mismas aptitudes. Hay que buscar un camino que sea socialmente óptimo y que elimine la sociedad dual que se está consolidando en el mundo. Estos, a su vez, crean la necesidad de mejorar las estructuras impositivas e instrumentar métodos de recaudación más eficaces. Los gobiernos nacionales deben tener presente que una comunidad que no consiga salir del desempleo, la pobreza y la falta de formación de sus recursos humanos es una sociedad sin futuro.

6.2 ASPECTOS DE LA INFLACIÓN

Causas: Como la inflación implica el crecimiento simultáneo de los productos y los factores productivos y el aumento de unos precios empuja a los demás en círculo vicioso, resulta realmente difícil ponerse de acuerdo sobre qué rama industrial o qué factor fue el origen de la escalada. Pero esa dificultad en vez de desanimar a los teóricos, parece estimularles, provocando apasionadas discusiones.

La multitud de teorías explicativas puede agruparse en tres tipos: las que consideran que el origen de la inflación se debe a un exceso de demanda **(Inflación de Demanda)**; las que consideran que los problemas se originan por el lado de la oferta **(Inflación de Costes)**; y las que consideran que la causa de la inflación está en los desajustes sociales **(Inflación Estructural)**.

Por una vez, keynesianos y monetaristas están de acuerdo en considerar que la causa habitual de la inflación es el exceso de demanda. Los componentes de la demanda agregada son el consumo de las familias, la demanda de inversión de las empresas y los gastos del gobierno. Como ya hemos visto, la **explicación**

keynesiana de la inflación se basa en que la suma de esos tres componentes puede ser superior a la capacidad productiva del país.

Por tanto, es posible que el exceso de demanda se deba a que una mejora en las expectativas empresariales provoque crecimiento de la demanda de bienes de inversión; o a que el gobierno decida mejorar las infraestructuras del país y aumente sus gastos en hospitales y carreteras; o a que las familias decidan ahorrar menos. El aumento en la demanda por uno de los agentes económicos provocará inflación si no está compensado por disminuciones en la demanda de los otros dos. **Los monetaristas** consideran también que la inflación está originada principalmente por un exceso de demanda, pero en vez de buscar entre los agentes un culpable determinado, consideran que es el crecimiento incontrolado de la cantidad de dinero en circulación lo que hará aumentar las disponibilidades líquidas de todos los agentes en general y por tanto de todos los componentes de la demanda. En primera instancia será sólo una errónea política monetaria del gobierno el origen de la inflación.

Los costes de producción están compuestos por la retribución del factor trabajo (sueldos y salarios) la retribución del capital (los beneficios) y el precio de los recursos naturales empleados. Las teorías que explican la inflación por **el crecimiento de los costes** buscan el culpable en el comportamiento de los grupos de presión sindical y empresarial, o en el de los países exportadores de materias primas.

La explicación más habitual de la inflación de costes se basa en la idea de que los sindicatos tienen un poder de monopolio sobre el factor trabajo mediante el que pueden conseguir mejoras salariales en proporción superior a lo que haya aumentado la productividad laboral. Si ocurre eso, el sector de los trabajadores comenzará a percibir una proporción superior de la renta nacional; el resto de los perceptores de rentas verán reducida su participación y sólo podrán defender sus ingresos aumentando los precios. Los trabajadores responderán con mayores reivindicaciones desencadenándose así una **espiral salarios-precios**.

Otra explicación similar es la de la **espiral salarios-salarios**. Según ésta, los trabajadores están preocupados especialmente por mantener su posición relativa con respecto a los demás trabajadores y ramas industriales. Si en algunas empresas los incrementos en la productividad laboral permiten que conseguir mejoras salariales notables, los trabajadores del resto de las empresas o ramas productivas tratarán de obtener las mismas mejoras mediante una mayor agresividad sindical.

Los que buscan el origen del desencadenamiento de los procesos inflacionistas en una inicial elevación de los costes del capital, ponen el acento en la existencia de muchas grandes empresas con mayor o menor grado de poder monopolístico, capaces de aumentar los precios de sus productos por encima de los que quedarían determinados por mercados en libre competencia. En otras ocasiones serán las características específicas de los mercados financieros las que originen subidas en los tipos de interés con el consiguiente encarecimiento de los costes de las empresas endeudadas que sólo podrán defenderse mediante el alza de sus precios.

Se suele considerar que los procesos inflacionistas experimentados en todos los países en los años setenta se debieron en parte a las bruscas subidas en los precios del petróleo de los años 1973 y 1979, que produjeron reacciones en cadena de alzas en los precios de muchas otras materias primas. Los países industrializados, sintiéndose perjudicados por la redistribución internacional de las rentas a que dieron origen aquellos fenómenos, se defendieron subiendo los precios de los productos industriales. En general se considera que la inflación es "exportable"; debido al cada vez mayor peso que tienen las importaciones como componentes de los productos acabados interiores, las subidas de precios se trasladan rápidamente de un país a otro.

Conviene dejar claro que si la inflación tiene su origen en el encarecimiento de las retribuciones de un factor determinado, cualquiera que sea éste se generará una reacción en cadena en la que **todos** los factores estarán implicados. Como el fenómeno observado, la inflación, se caracteriza precisamente por el alza sostenida del precio de todos los factores, resulta realmente difícil y en ocasiones

Estéril, discutir sobre si fue primero la gallina o el huevo.

CONSECUENCIAS

La inflación provoca graves distorsiones en el funcionamiento del sistema económico debido a su imprevisibilidad. Si se pudiera predecir con absoluta exactitud la fecha y la cuantía de la subida de precios de cada uno de los productos, los únicos perjuicios provendrían del trabajo de corregir las etiquetas o los menús.

Los problemas provocados por la inflación se derivan precisamente de su imprevisibilidad ya que ni todos los productos ni todos los factores subirán sus precios al mismo tiempo ni en la misma proporción. Y cuanto mayor sea la tasa de inflación, más amplio será el margen de error en las expectativas de los agentes económicos y por tanto mayor la sensación de inseguridad.

Los precios son una vía por la que se transmite la información necesaria para que los consumidores decidan correctamente qué deben adquirir y para que las empresas calculen qué y cuánto deben producir. Si los precios están cambiando continuamente, dejan de cumplir su función informativa; los consumidores serán incapaces de saber si un supermercado tiene los precios más bajos que otro; los supermercados perderán el estímulo para mantener los precios bajos y serán incapaces de predecir los efectos sobre la demanda de una subida de los precios de mayor o menor cuantía.

Los efectos de la inflación sobre la distribución de las rentas consisten esencialmente en el desplazamiento de riqueza de los acreedores hacia los deudores. El individuo que haya prestado dinero observará cuando lo recupere que lo que percibe tiene menos valor que lo que prestó. Los ahorradores son castigados con la pérdida de valor de sus fondos. Los que han gastado por encima de sus ingresos, en cambio, reciben un premio a la imprevisión y el derroche. En general, todos los perceptores de rentas fijas (jubilados, pensionistas, rentistas propietarios de títulos de renta fija, propietarios de viviendas en alquiler con contratos no indiciados) verán reducir la capacidad adquisitiva de sus ingresos. Los que deben abonar esas rentas (el Estado, las empresas emisoras, los inquilinos) percibirán un inmerecido beneficio.

6.2.1. CLASES DE INFLACIÓN

INFLACIÓN MODERADA

La inflación moderada se refiere al incremento de forma lenta de los precios. Cuando los precios son relativamente estables, las personas se fían de este, colocando su dinero en cuentas de banco. Ya sea en cuentas corrientes o en depósitos de ahorro de poco rendimiento porque esto les permitirá que su dinero valga tanto como en un mes o dentro de un año. En sí está dispuesto a comprometerse con su dinero en contratos a largo plazo, porque piensa que el nivel de precios no se alejará lo suficiente del valor de un bien que pueda vender o comprar.

INFLACIÓN GALOPANTE

La inflación galopante describe cuando los precios incrementan las tasas de dos o tres dígitos de 30, 120 ó 240% en un plazo promedio de un año. Cuando se llega a establecer la inflación galopante surgen grandes cambios económicos, muchas veces en los contratos se puede relacionar con un índice de precios o puede ser también a una moneda extranjera, como por ejemplo: el dólar. Ya que el dinero pierde su valor de una manera muy rápida, las personas tratan de no tener más de lo necesario; es decir, que mantiene la cantidad suficiente para vivir con lo necesario.

HIPERINFLACIÓN

Es una inflación anormal en exceso que puede alcanzar hasta el 1000% anual. Este tipo de inflación anuncia que un país está viviendo una severa crisis económica pues como el dinero pierde su valor, el poder adquisitivo (la capacidad de comprar bienes y servicios con el dinero) baja y la población busca gastar el dinero antes de que pierda totalmente su valor. Este tipo de inflación suele estar causada por que los gobiernos financian sus gastos con emisión de dinero sin ningún tipo de control, o bien porque no existe un buen sistema que regule los ingresos y egresos del Estado.

INFLACIÓN LATENTE

Todas las variables que en un momento específico pueden alterar el precio, por ejemplo el aumentar la tasa a los alimentos procesados las medidas son dos factores latentes para provocar un aumento en el nivel de precios.

INFLACIÓN ABIERTA

Aquélla en la que el aumento de los precios está comprendido entre un 5 y un 8-10 % anual y, por tanto, supone un debilitamiento de la estructura económica.

INFLACIÓN DE DEMANDA

Se denomina inflación de demanda cuando el desequilibrio se produce originalmente por un aumento de la demanda que sobrepasa las posibilidades de la oferta, pudiendo ser variadas las causas que expansionan la demanda.

INFLACIÓN REPRIMIDA

Situación en la que una congelación de precios logra controlar la tasa de cambio de los precios sin afectar a las tendencias inflacionistas subyacentes.

INFLACIÓN IMPORTADA

Compramos artículos o insumos de países que tienen una alta inflación exacerbando, con ello un incremento de los costos, lo que indudablemente incide en el precio final del producto que paga el consumidor.

INFLACIÓN REPTANTE

Inflación lenta pero continua que puede ser consecuencia de aumentos en la demanda agregada.

ESTANFLACIÓN

Indica el momento o coyuntura económica en que, dentro de una situación inflacionaria, se produce un estancamiento de la economía y el ritmo de la inflación no cede.

INFLACIÓN DE COSTES

Es la inflación que se debe al incremento de los costes de los inputs y los diferentes factores de producción, es decir, la motivada por el incremento del coste de la mano de obra, los tipos de interés, los precios del suelo, de la energía, de las materias primas, etc.

6.2.2. CARACTERISTICAS DE LA INFLACIÓN

1.-Pueden diferir sustancialmente de un país a otro de acuerdo con su nivel de desarrollo, del poder de negociación de sus sindicatos, del grado de competencia de sus industrias, del grado de importancia del comercio internacional, Algunas características de la inflación son las siguientes:

2.-La inflación de demanda es aquel fenómeno que ocurre cuando la demanda excede a la oferta, forzando el aumento de los precios y de los salarios, también denominado inflación por tirón de demanda.

3.-Un excesivo aumento de la demanda agregada según Keynes, suscitada por un excesivo caudal de dinero en circulación y en cuentas corrientes por encima del valor de la producción nacional, tiene efectos secundarios que se traducen en un alza de precios.

4.-Los cambios en el nivel de precios se han atribuido generalmente a un exceso de gasto total que supera la capacidad de producción de la economía, existiendo demasiado dinero a la casa de los limitados bienes que se ofrecen, por lo que el exceso de demanda sobre la oferta eleva los precios del producto real.

5.-La inflación de costos. También denominada inflación por empujón de costos o inflación de oferta. Se produce cuando los precios de los diferentes factores productivos aumentan, tal como el costo de los materiales, el costo de la mano de obra, el costo del capital y en general los costos de funcionamiento y los costos financieros, aumentando los costos unitarios de producción. Desde esta perspectiva, las empresas deben elevar los precios de los productos y servicios para poder hacer frente a tales aumentos y para mantener los márgenes de beneficios; desde otra perspectiva, el aumento de los costos unitarios de producción disminuye los beneficios y reduce la cantidad de producto total que las empresas están dispuestas a ofrecer en el mercado al nivel de precios existente. Como resultado la oferta agregada de la economía disminuye y esta disminución si no hay cambios significativos en la demanda, origina un aumento en el nivel de precios.

6.- Se puede generar una espiral inflacionaria cuando las instituciones y los grupos de presión reaccionan ante cada nueva subida de precios, por ejemplo un fuerte poder negociador de los sindicatos que obliga a un aumento superior de los salarios, que las empresas solo podrán sustentar si aumentan simultáneamente los precios o disminuyan el empleo, para no erosionar sus márgenes de beneficios.

7.- Inflación estructuralista. Se produce por factores generalmente externos o defectos estructurales que se presentan en las economías subdesarrolladas como:

a) Bajo ingreso per – capital
b) Inadecuado crecimiento del PIB
c) Escasez de materias primas, tecnología y maquinaria y equipo, indispensables para la producción nacional, lo que hace necesaria su importación a precios fijados desde el exterior.
d) Bajo nivel de exportaciones por lo que las divisas que se producen son escasas y no alcanzan a pagar las importaciones, luego se carece de la financiación adecuada para importar los bienes de capital requeridos para aumentar la producción, acudiendo al crédito externo.

6.2.3 ASPECTOS EXTERNOS DE LA INFLACIÓN

- Importación excesiva de mercancías a precios altos.
- Afluencia excesiva de capitales externos ya sea de forma de crédito o de inversiones que no se canalizan a la producción.
- Exportación excesiva de ciertos productos que incrementan la entrada de divisas al país y, por lo mismo, la cantidad de dinero en circulación.
- Especulación y acaparamiento a nivel mundial de mercancías básicas sobre todo productos alimenticios y petróleo.
- Excesivo servicio de la deuda externa que no permita la formación interna de capitales productivos.

Hay que tener presente que la inflación existirá siempre que haya una economía monetaria donde circule dinero. Es decir la inflación es un problema estructural del sistema capitalista.

6.2.4 LA INFLACION DE LA DEMANDA

La inflación es el aumento sostenido y generalizado del nivel de precios de bienes y servicios, medido frente a un poder adquisitivo. Se define también como la caída en el valor de mercado o del poder adquisitivo de una moneda en una economía en particular.

La inflación describe un continuo y sostenido movimiento hacia arriba de los precios, el cual es compartido por todos los componentes del índice de precios agregados.

La inflación es un continuo crecimiento en el índice de precios no un salto único por lo tanto una inflación sostenida requiere un continuo crecimiento en la demanda agregada.

La única forma en que la demanda agregada puede aumentar de manera persistente es cuando la cantidad de dinero aumenta de modo persistente.

La causa fundamental de la inflación es el crecimiento excesivo en la demanda agregada.

Una eliminación permanente de la inflación requiere q el crecimiento ajustado a la demanda retorne a cero.

6.2.5 EFECTOS DE UN INCREMENTO EN LA DEMANDA AGREGADA

Si se produjera un traslado hacia la derecha de la curva de la demanda agregada desde d 0 hacia d1debidoaun crecimiento en la oferta monetaria o en el gasto del gobierno, la economía se movería inicialmente.

6.2.6. GRANTES: TASA DE INTERÉS REAL

(Effective interest rate). Es la relación que existe entre el costo de los recursos usados (comisiones, intereses, etc.) y la cantidad de dinero realmente disponible. Tasa pagada o ganada después de restarle la tasa de inflación.

6.2.7. LA CURVA DE PHILLIPS

En un famoso artículo de 1958 el economista de origen neozelandés A.W.H. Phillips señalo que los datos históricos del Reino Unido mostraban que cuando la tasa de desempleo era elevada la tasa de crecimiento salarial tendía a disminuir, mientras que si la tasa de desempleo era baja tendía a aumentar. Basándose en el ejemplo del Reino Unido, otros economistas de Estados Unidos y del resto del mundo pronto encontraron patrones similares en relación entre tasa de desempleo e inflación, es decir, la tasa de variación del nivel de precios. La relación inversa a corto plazo que se establece entre la tasa de desempleo y la tasa de inflación recibe el nombre de curva de Phillips a corto plazo o SRPC (short-Run Phillips curve).

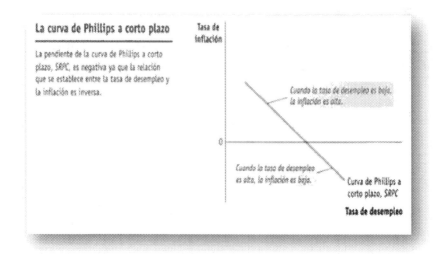

La curva de Phillips a corto plazo

La pendiente de la curva de Phillips a corto plazo, SRPC, es negativa ya que la relación que se establece entre la tasa de desempleo y la inflación es inversa.

Tasa de inflación

Cuando la tasa de desempleo es baja, la inflación es alta.

0

Cuando la tasa de desempleo es alta, la inflación es baja.

Curva de Phillips a corto plazo, SRPC

Tasa de desempleo

EVALUACIÓN UNIDAD VI

Subraya la respuesta correcta en cada una de las preguntas

1.- ¿CÓMO SE MIDE LA TASA DE DESEMPLEO?

a) En semanas
b) meses
c) momentos determinados.

2.- ¿QUÉ ES EL DESEMPLEO ENCUBIERTO?

a) personas no registradas como desempleados.
b) personas oficialmente desempleadas.
c) personas a punto de ser desempleadas.

3.- ¿QUÉ MOVIMIENTO DESCRIBE LA INFLACIÓN EN LA CURVA DE LA?

a) Hacia lado contrario de la curva de la oferta
b) Hacia el lado de la demanda
c) hacia arriba de los precios
d) Hacia debajo de los precio

4.- ¿CUÁL ES LA ÚNICA FORMA EN QUE LA DEMANDA AGREGADA PUEDE AUMENTAR DE MANERA PERSISTENTE?

a) cuando los precios bajan
b) cuando hay inflación muy baja.
c) cuando la oferta disminuye y la inflación aumenta
d) es cuando la cantidad de dinero y la demanda aumenta de modo persistente

5.- ¿QUÉ MIDE LA TASA DE DESEMPLEO?

a) mide el desempleo en momentos determinados
b) mide la cantidad de desempleados

c) mide el desempleo en el territorio nacional
d) ninguna de las anteriores

6.- MENCIONA LOS COSTOS DEL DESEMPLEO

a) Caro y barato

Economía Mundial, Consignas Neoliberales, Globalización y Política Económica

b) Alto, medio y bajo
c) Todas las anteriores

7.- ¿QUÉ CAUSA EL DESEMPLEO EN LA ECONOMÍA?

a) El desempleo ocasiona a la sociedad tanto un costo económico como social. El costo económico corresponde a todo lo que se deja de producir y que será imposible de recuperar.
b) EL desempleo ocasiona a la sociedad disminución de poder adquirir productos.
c) El desempleo ocasiona falta de dinero.

8.- ¿CUALES SON LOS TIPOS DE CAUSAS DE LA INFLACIÓN?

a) Inflación por presión de la demanda, Inflación por empuje de los costos.
b) Inflación fraccional, inflación temporal, estructural.
c) inflación por exceso de dinero, inflación cíclica, fraccional.

9.-. ¿QUE UNA TASA DE INTERÉS REAL?

a) Es aquella tasa que por su valor es verdadera.
b) Es la relación que existe entre el costo de los recursos usados y la cantidad de dinero realmente disponible.
c) Es el resultado de multiplicar los costos de los recursos y el dinero.

10.- ¿QUÉ SE DESCRIBE LA INFLACIÓN?

a) describe las altas y bajas de los precios.
b) describe las relaciones existentes entre los recursos y los precios disponibles.
c) describe un continuo y sostenido movimiento hacia arriba de los precios.

7

INTRODUCCIÓN DE COMERCIO INTERNACIONAL.

El comercio internacional no es un juego suma cero. Las naciones no estarían continuamente comerciando si así fuera. Ambas partes deben ganar, si no, no tendría sentido.

¿Qué sucede cuando un país aislado prospera?

Tiende a comprar más porque tiene más con qué hacerlo.

¿Qué pasa cuando compra más?

Se crean empleos y se producen los bienes y servicios que ahora tienen más demanda. El mismo principio opera cuando se trata de dos países. De la misma manera que cualquier otro intercambio, la única razón por la cual existe el comercio internacional es porque las dos partes esperan obtener beneficios. Si una descubre que empeora, el comercio termina.

7.1 BASES DEL COMERCIO.

Es necesario entender por qué los países ganan con el comercio internacional, especialmente cuando hay tantos políticos y periodistas que opinan lo contrario.

Usualmente se agrupan las bases o razones en tres categorías: ventaja absoluta, ventaja comparativa y economías de escala.

Ahora explicaremos cada uno de estas bases:

VENTAJA ABSOLUTA.

La ventaja absoluta se da cuando un país puede producir algunas cosas más barato que otro. Las razones pueden ser el clima, la geografía o la mezcla de habilidades de su población. Cualquiera que sea la razón en cada caso, un país simplemente puede producir más barato que otro.

O bien la definición que nos da el libro de MICROECONOMIA, PRINCIPIOS Y APLICACIONES, dice,

Es la capacidad para producir un bien o servicio empleando menos recursos de los que usan otros productores.

Una persona tiene ventaja comparativa en la producción de algún bien si puede producirlo con un menor costo de oportunidad que alguna otra persona.

Mis conclusiones de este concepto es que nos quiere decir que si una persona produce leche al precio de $20 pesos el litro y otra persona lo produce en $30 a esa persona no le conviene producir ya que la primer persona está teniendo ventaja comparativa ya que está produciendo un litro a $10 pesos menos así que a la segunda persona le convendría más comprarle a esa persona y el dedicarse a producir otro bien, aquí es donde se muestra la ventaja que muestra entre una persona y otra con solo ver el precio que les está costando producir su producto.

ECONOMIA A ESCALA.

Las exportaciones permiten a algunos países obtener economías de escala, las cuales no serían posibles sólo con las ventas nacionales. Algunas empresas hacen la mayoría de sus ventas fuera de sus países.

Para algunos productos que requieren grandes inversiones en maquinaria e investigación, existen muy pocos países cuyas ventas internas permiten tener los niveles de producción necesarios para cubrir todos los costos. El comercio internacional crea mayor eficiencia al permitir más economías de escala, así como beneficiarse de las ventajas absolutas o comparativas de cada país.

Con el transcurso del tiempo, aún las ventajas comparativas cambian y causan que los centros de producción se desplacen de un país a otro.

7.1.1 VENTAJA COMPARATIVA.

Para ilustrar el significado de la ventaja comparativa, supongamos que un país es tan eficiente que es capaz de producir cualquier cosa más barato que otro.

¿Existiría el comercio entre dos países? **Sí.**

Porque aún en este caso extremo uno puede hacerlo más barato en diferentes grados.

La clave para entender el comercio entre individuos o entre naciones está en la realidad económica de la escasez. Aunque el país A sea capaz de producir cualquier cosa más barato que el país B, en realidad no puede producir todo más barato porque el tiempo que utiliza en hacer una cosa no puede usarlo a la vez para producir otras.

El bienestar económico de un país y el del mundo☐ será mayor si dedica sus recursos escasos a producir las cosas en las cuales tiene la mayor "ventaja comparativa" y comercia con otro para obtener las demás cosas que quiere.

La única forma en que no existiría ganancia del comercio sería si el país A produjera cualquier cosa más eficientemente que el país B con el mismo porcentaje para cada producto, porque no habría ventaja comparativa. Esto en la vida real es casi imposible.

La definición que nos da el libro de MICROECONOMIA, PRINCIPIOS Y APLICACIONES, dice:

La ventaja comparativa para producir un bien o servicio con un costo de oportunidad más bajo que otros productores.

Una persona tiene ventaja comparativa en la producción de algún bien si puede producirlo con un menor costo de oportunidad que alguna otra persona.

Mis conclusiones del tema son que aquí según mi criterio no se ve tanto en el precio que un productor gasta a comparación a otro para mí la ventaja comparativa podría ser cuando un productor en 5 horas produce 20 litros de leche, mientras que el otro en 5 horas produce solamente 15 litros, ahora bien en esas 5 horas el productor A puede producir 4 quesos, mientras que el productor B puede producir 6 Quesos ahí el productor B tiene ventaja comparativa en la producción de Quesos pero sin embargo en la producción de litros de leche el productor A tiene la ventaja comparativa.

7.1.2 ARANCEL

Un arancel es un impuesto o gravamen que se debe pagar por concepto de importación o exportación de bienes. Pueden ser "ad valorem" (al valor), como un porcentaje del valor de los bienes, o "específicos" como una cantidad determinada por unidad de peso o volumen. Los aranceles se emplean para obtener un ingreso gubernamental o para proteger a la industria nacional de la competencia de las importaciones. Impuesto o tarifa que grava los productos transferidos de un país a otro. El incremento de estas tarifas sobre los productos a importar eleva su precio y los hacen menos competitivos dentro del mercado del país que importa, tendiendo con esto a restringir su comercialización.

- Arancel a la exportación.
- Arancel de tránsito, cuando se gravan los productos que entran en un país con destino a otro.

Los más importantes y frecuentes son los segundos. Constituyen las barreras más comúnmente utilizadas en el comercio internacional y persiguen como fines específicos:

a) Disminuir las importaciones y mejorar la posición de la balanza comercial de los países.
b) Generar ingresos a la caja del Estado.
c) Proteger la producción nacional.
d) Protección y fomento de una industria incipiente. (Solamente en la medida de que dicha protección sea temporal).

Cuando un buque arriba a un puerto aduanero, un oficial de aduanas inspecciona el contenido de la carga y aplica un impuesto de acuerdo a la tasa estipulada para el tipo de producto. Debido a que los bienes no pueden ser nacionalizados (incorporados a la economía del territorio receptor) hasta que el impuesto no sea pagado, es uno de los impuestos más sencillos de recaudar, y el costo de recaudación es bajo. Aunque siempre los contrabandistas encuentran modos de evitar el pago de estos impuestos.

CONTENIDO

- 1 Fundamento económico
- 2 Tipos de aranceles
- 3 Efectos del arancel
- 4 Aranceles de represalia
- 5 Protección no arancelaria
- 6 Enlaces externos

FUNDAMENTO ECONÓMICO

La instauración de aranceles responde a la idea de que el comercio internacional, bien de manera genérica o sólo en algunos casos, produce efectos negativos a la economía de un país. Desde el punto de vista económico, la importación de bienes desplaza la producción del interior del país, con lo que pueden existir trabajadores que pierdan sus puestos de trabajo. Otro tipo de argumento es el déficit que puede provocar en la balanza de pagos debido a las importaciones.

Los pensadores clásicos (Adam Smith, David Ricardo, John Stuart Mill), estuvieron en contra de las restricciones al comercio internacional; ellos argumentaban que las barreras creaban distorsiones en el sistema económico y al final, forzaban al país importador a producir bienes de manera ineficiente, generando a su vez, un coste muy alto para la sociedad puesto que los factores productivos no serían utilizados en forma óptima.

TIPOS DE ARANCELES

- "Arancel de valor agregado" o ad valorem es el que se calcula sobre un porcentaje del valor del producto (CIF), ejemplo: 10 céntimos por cada euro.
- Arancel específico, se basa en otros criterios como puede ser el peso, por ejemplo 5€ por 10 kilos.
- "Arancel de renta" es una serie de tarifas designadas fundamentalmente para recaudar fondos por un gobierno. Por ejemplo, un arancel para importación de café (en un país que no produce café) recauda una cantidad estable para el gobierno.
- "Arancel mixto" Es el que está compuesto por un arancel ad valorem y un arancel específico que gravan simultáneamente la importación.
- "Arancel anti - dumping" Es un arancel que se aplica a la importación de productos que se sabe que reciben subvenciones de los países donde se producen. Subvenciones que les permiten exportar por debajo del coste de producción.

EFECTOS DEL ARANCEL

Los efectos fundamentales que provoca un arancel a la importación, en la economía de un país son los siguientes:

- El efecto fiscal supone un incremento de la recaudación del Estado y en los productos con demandas inelásticas (demanda de productos indispensables), mayor será la recaudación fiscal, ejemplo de ello son los aranceles a la importación de la gasolina.
- Disminución de las importaciones y del consumo de los productos.
- Aumento del precio de los productos objeto de arancel en el mercado nacional, es por tanto negativo para el consumidor. Además de impulsar al país utilizar recursos ineficientemente sacrificando la producción y especialización en los bienes donde existen ventajas comparativas.
- Aumento de la producción nacional de bienes con arancel, La imposición de un arancel tiene 2 caras por un lado, sirve de protección al permitirle a las empresas instaladas crecer exentas de la competencia del mercado internacional, y por otro lado, un exceso de protección puede producir que el protegido elabore un producto en condiciones de ineficiencia esto por cuanto, esta producción se obtiene al amparo del arancel y a costes por encima de los internacionales y desviando recursos que se utilizarían para producir otros bienes con mayores ventajas competitivas.

ARANCELES DE REPRESALIA

Determinadas posturas están de acuerdo en que un mundo de libre comercio es la mejor solución al comercio internacional, sin embargo indican que en el estado actual de la economía, mientras que haya países que limiten las importaciones o discriminen los productos extranjeros, no existe otro remedio que emplear el mismo juego para defenderse. Se estará de acuerdo con el libre comercio mientras se empleen las mismas condiciones en todos los países.

Este argumento no está bien fundamentado en el análisis, de hecho, cuando un país eleva sus aranceles, tiene un efecto similar a que se elevaran sus costes de transporte. Se encontraría un símil para el hecho de que si un país decidiera frenar su comercio minando sus puertos, los demás no debería tomar la misma decisión; de igual forma si un país decide reducir su actividad económica imponiendo aranceles sobre sus importaciones, no sería sensato que los demás siguiesen ese mismo comportamiento. Los estudios históricos muestran que los aranceles de represalia suelen llevar a otros países a elevar aún más los suyos y que raras veces constituyen un arma de negociación eficaz para la reducción multilateral de los aranceles.

PROTECCIÓN NO ARANCELARIA

Para defender a una economía de los posibles efectos negativos del comercio internacional se puede utilizar los aranceles y también otro tipo de barreras no arancelarias como son:

- Contingente, que consiste en una limitación del número de unidades que pueden ser importados.
- Control de cambios. Mediante la restricción de divisas y el establecimiento de tipos de cambio distintos según la mercancía que se importa.
- Subsidios a la producción. Subvencionar una producción para dificultar las importaciones.
- Impuestos sobre el consumo de bienes importados.
- Establecimiento de trabas administrativas que obstaculicen la entrada de productos extranjeros.

7.1.3 BARRERAS NO ARANCELARIAS

Se entiende por barreras NO arancelarias las "leyes, regulaciones, políticas o prácticas de un país que restringen el acceso de productos importados a su mercado". Por ende, incluyen tanto normas legales como procedimientos administrativos no basados en medidas explícitas, sino en directivas informales de instituciones y gobiernos.

Esta expresión se utiliza asociada al comercio exterior y el comercio internacional entre países.

Dícese de cualquier método, excluyendo los aranceles, que utilicen los gobiernos para limitar las importaciones. El propósito de tales barreras puede ser equilibrar la balanza de pagos o proteger a la industria nacional. Para ello se establecen, según los casos: a) prohibiciones, que impiden por completo las importaciones de ciertos bienes; b) cuotas o contingentes, que fijan límites a la cantidad de bienes que es posible importar; c) otros controles. Las prohibiciones y cuotas son llamadas restricciones cuantitativas, las cuales comprenden también las licencias previas, autorizaciones específicas que dan los gobiernos para importar. Los controles se aplican por lo general a la calidad técnica o sanitaria de los bienes; aunque tienen, por lo tanto, otros propósitos no ligados a la restricción de las importaciones, actúan de hecho muchas veces como efectivas barreras para la penetración de los mercados nacionales. Las barreras no arancelarias reducen la oferta de los bienes importados, forzando a la demanda a trasladarse hacia los bienes de producción nacional. Ello induce, por lo general, un aumento en los precios.

Las barreras no arancelarias, por otra parte, se prestan a prácticas discriminatorias y casuísticas, incrementando la discrecionalidad de los funcionarios gubernamentales y quitando transparencia al comercio internacional. Por ello han recibido la creciente atención del GATT y de otros organismos internacionales.

7.1.4 DUMPING

El **dumping** es la práctica de comercio en el que una empresa fija un precio inferior para los bienes exportados que para los mismos bienes vendidos en el país. Sólo puede producirse si se dan dos condiciones: la industria debe ser competencia imperfecta a fin de que las empresas pueden fijar los precios, y los mercados deben de estar segmentados, por lo que los residentes nacionales no puede comprar fácilmente bienes dedicados a la exportación. Es un tipo de discriminación de precios de tercer grado.

MOTIVOS QUE LLEVAN A UNA EMPRESA A REALIZAR DUMPING

Esta práctica es aparentemente perjudicial para una empresa, pues en principio, cada venta produce un perjuicio económico para la misma.

Sin embargo, el dumping provoca que las empresas que operan en el mismo mercado no puedan competir con el precio y calidad de los bienes en cuestión, y a largo plazo quiebren. De esta manera la empresa que realiza el dumping se hace con el mercado de ese producto o servicio.

Por otra parte, en algunas ocasiones, los gobiernos establecen subvenciones (subsidios) a las exportaciones de ciertos productos a un país extranjero concreto. Lo que provoca que pueda ser rentable tal exportación del producto a un precio por debajo de costo.

IMPLICACIONES PARA EL PAÍS IMPORTADOR

La presencia del producto a precios tan bajos, tiene inicialmente un efecto benéfico para los compradores del país importador. Sin embargo, la empresa, dependiendo de la estructura del mercado, puede eliminar la competencia, llegando así a una situación de monopolio de la cual puede sacar provecho. Tampoco se deben dejar de considerar los eventuales perjuicios a la industria local

CONDICIONES EN LAS QUE PUEDE REALIZARSE DUMPING

Los diversos mercados deben estar separados entre sí. Esta separación puede ser geográfica, con murallas arancelarias o por otro tipo de obstáculos al comercio. De esta forma no es posible comprar el producto en el mercado más barato y posteriormente revenderlo en el mercado más caro ni trasladarse al mercado más barato para comprar a un precio menor, es decir nos encontramos en una situación que imposibilite lo que en términos económicos denominaríamos "arbitraje".

TIPOS DE DUMPING

ESPORÁDICO

El dumping esporádico es una discriminación ocasional de precios provocada por la existencia de excedentes en la producción de un mercado doméstico, por lo que el productor, para no desequilibrar su mercado interno, y a su vez evitar los costos financieros implícitos, desvía estos excedentes al mercado internacional a precio por debajo de coste. Sería comparable a las ventas por liquidación. Este tipo de dumping aumenta el bienestar potencial del país importador.

PREDATORIO

Es clasificado como práctica desleal de competencia y como la forma más dañina de dumping. Consiste en la venta por parte del exportador de la producción en el mercado externo, logrando una pérdida, pero ganando acceso al mismo y excluyendo así la competencia. Posteriormente aumenta el nuevo precio para obtener ganancias monopólicas. Es decir, el dumper logra una pérdida inicialmente, ya que espera alcanzar una ganancia a largo plazo.

PERSISTENTE

Está basado en políticas maximizadas de ganancias por un monopolista que se percata de que el mercado nacional y extranjero están desconectados debido a costos de transporte, barreras, aranceles entre otros.

LA LEGISLACIÓN ANTIDUMPING

El dumping está considerado como una práctica desleal del comercio internacional que puede ser denunciada ante las autoridades investigadoras del país importador con el objeto de que inicie una investigación y en su caso determine las medidas oportunas. En el caso de que un país exportador no esté de acuerdo con las medidas antidumping impuestas por otro estado, podrá acudir a los mecanismos de solución de controversias establecidos en la Organización Mundial de Comercio.

Para que se dé curso a una acusación de dumping existen dos aspectos que deben darse acumulativamente, es decir, primero que exista daño en la industria nacional, y por otro lado, que exista una relación causal entre el daño y los menores precios cobrados al importador.

OTROS USOS DEL TÉRMINO DUMPING

* **Exchange dumping**: este tipo de dumping ocurre cuando se da una depreciación en la moneda nacional respecto a las otras, favoreciendo así las exportaciones del país. En este caso los efectos son los mismos, salvo que aquí no existe discriminación de precios. Un ejemplo es China.

* **Freight dumping** (dumping de carga o flete): es cuando se otorgan tasas preferenciales al transporte de productos destinados a la exportación. Esta situación no debe confundirse con el dumping, aquí no se practica dumping. Debido a que los costos de transporte representan una de las mejores formas de proteger la industria nacional de la exterior, su disminución aumenta las posibilidades de los exportadores de vender en el mercado exterior sin tener que incurrir en el dumping. En este caso lo que se podría decir es que existe dumping en el servicio de transporte y no de mercancías.

* **Dumping escondido**: consiste en cargar los mismos precios en ambos mercados (el nacional y el extranjero), por lo cual aparentemente no hay dumping, pero se discrimina en otros aspectos, tales como:

a) Conceder mayores plazos de crédito a los extranjeros.

b) No se cobran los costos de empaquetado o transporte cuando se exporta.

c) Exportar igual en precios, pero diferente en calidad. Es decir, que los productos que se exportan son de mejor calidad que los que se consumen localmente.

d) Exportar mercancía que difieren en la forma, estilo o material de las que se venden en el mercado doméstico. Esto puede deberse muchas veces a las diversas legislaciones que afectan el producto.

- **Dumping oficial**: es definido como los subsidios a las exportaciones.

- **Dumping social**: consiste en la consecución de bajos precios por parte de algunos productores gracias a que se favorecen de una legislación laboral poco exigente.

El dumping social permite la alteración del régimen de precios, permite además al país importador obtener precios más ventajosos que los del país que exporta. Los países más interesados en resolver el dumping social son los países desarrollados, ya que con esto pierden partes enteras de su aparato industrial.

- **Dumping ecológico**: en este caso los favorecidos son los productores de países con una legislación medioambiental menos rigurosa, por lo general países pobres. Las empresas del país "A", con una legislación estricta, soportan una serie de impuestos y/o condiciones de los cuales el país "B" está exento, lo cual repercute en los costes y por consiguiente, en el precio.

CASOS REALES DE DUMPING

Debido a prácticas de dumping, Egipto, el antiguo granero de trigo del imperio romano, se ha convertido en el primer importador; indonesia, una de las cunas del arroz, hoy importa arroz transgénico; y México, cuna de la cultura del maíz, importa hoy maíz transgénico. Estados unidos, la unión europea, Canadá y Australia son los mayores exportadores. Las explotaciones agrícolas (incompetentes económicamente) se ven favorecidas por unas ayudas gubernamentales contra las que otros países no pueden competir, reduciendo así su precio de manera drástica y asfixiando agriculturas mucho más competentes.

7.1.5 BALANZA DE PAGOS INTERNACIONAL

Balanza de pagos es un documento contable en el que se registran las operaciones comerciales, de servicios y de movimientos de capitales llevadas a cabo por los residentes en un país con el resto del mundo durante un período de tiempo determinado, normalmente un año. La balanza de pagos suministra información detallada sobre todas las transacciones entre residentes y no residentes.

Las transacciones registradas en la balanza de pagos aparecen agrupadas en diferentes sub-balanzas, de acuerdo con el carácter que tengan. La diferencia entre ingresos y pagos de una determinada sub-balanza se denomina saldo de la misma. El saldo final de la balanza de pagos en su conjunto dependerá del régimen de tipo de cambio de la economía. En el caso de un sistema de flotación limpia la balanza de pagos siempre está equilibrada, esto es, tiene saldo cero. En cambio, cuando la economía se rige por un tipo de cambio fijo, el saldo es equivalente al cambio en las reservas netas del Banco Central.

La estructura y las directrices para la elaboración de la balanza de pagos se plasman en el Quinto Manual de Balanzas de Pagos del Fondo Monetario Internacional.

DIVISIONES DE LA BALANZA DE PAGOS

La balanza de pagos se estructura en cuatro subdivisiones:

Cuenta corriente.

Cuenta de capital.

Cuenta financiera.

Cuenta de errores y omisiones

Cuenta corriente

La balanza por cuenta corriente registra los pagos procedentes del comercio de bienes y servicios y las rentas en formas de beneficios, intereses y dividendos obtenidos del capital invertido en otro país. La compraventa de bienes se registrará en la balanza comercial, los servicios en la balanza de servicios, los beneficios en la balanza de rentas y las transferencias de dinero en la balanza de transferencias.

La balanza por cuenta corriente estará dividida en dos secciones. La primera es conocida como balanza visible y la compone íntegramente la balanza comercial. La segunda sección se llama balanza invisible y está compuesta por la balanza de servicios y por la balanza de transferencias.

BALANZA COMERCIAL

Artículo principal: Balanza comercial

La balanza comercial, también llamada de bienes o de mercancías, utiliza como fuente de información básica los datos recogidos por el Departamento de Aduanas de la Agencia Tributaria. En ella se registran los pagos y cobros procedentes de las importaciones y exportaciones de bienes tangibles, como pueden ser los automóviles, la vestimenta o la alimentación.

Un dato a tener en cuenta es que las importaciones y exportaciones en la Balanza de Pagos tienen que aparecer con valoración FOB para la Exportación y CIF para la Importación, que es como las elaboran las aduanas. Los precios FOB (Free On Board) se diferencian de los precios CIF (Cost, Insurance and Freight) en que estos últimos incluyen el flete y los seguros. Al elaborar la Balanza de Pagos, los fletes y los seguros tienen que ser contabilizados como servicios y no como mercancías.

BALANZA DE SERVICIOS

La balanza de servicios recogerá todos los ingresos y pagos derivados de la compraventa de servicios prestados entre los residentes de un país y los residentes de otro, siempre que no sean factores de producción (trabajo y capital) ya que estos últimos forman parte de las rentas. Los servicios más importantes recogidos son:

Transportes, en el que se incluyen tanto los cobros como los pagos realizados en concepto de fletes como cualquier otro gasto de transporte (por ejemplo los seguros). Es una partida importante, dado que muchos países se dedican a transportar mercancías entre terceros.

Turismo, que no solo engloba la prestación de servicios, sino que también se considera una exportación de mercancías. Se considera que dichos productos, a pesar de no ser enviados a un país extranjero, son consumidos por los residentes extranjeros que vienen visitar un país. Como resulta imposible a veces determinar que es una venta de producto y que es una prestación de servicios, siempre se engloba todo esto dentro de la partida de servicios.

Existen otras cuentas no menos importantes, como pueden ser comunicaciones, construcción, servicios informáticos, royalties.

BALANZA DE RENTAS

La balanza de rentas, o balanza de servicios factorial, recoge los ingresos y pagos registrados en un país, en concepto de intereses, dividendos o beneficios generados por los factores de producción (trabajo y capital), o lo que es lo mismo, de inversiones realizadas por los residentes de un país en el resto del mundo o por los no residentes en el propio país.

Los ingresos son las rentas recibidas por los poseedores de los factores de producción que son residentes y están invertidos en el extranjero, mientras que los pagos son las rentas que entregamos a los no residentes poseedores de los factores de producción y que están invertidos en nuestro país. Las rentas del trabajo recogen la remuneración de trabajadores fronterizos ya sean estacionales o temporeros.

BALANZA DE TRANSFERENCIAS

En la balanza de transferencias se registrarán los movimientos de dinero entre residentes del país y residentes del exterior, pudiendo circular en ambas direcciones. Estas transferencias son normalmente de tipo donativo o premio y pueden ser tanto públicas (ejemplo: donaciones entre gobiernos) o privadas (ejemplo: dinero que los emigrantes envían a sus países de origen).

La principal problemática que presenta la balanza de transferencias, es que a veces resulta complicado determinar que transferencias forman parte de la cuenta corriente y cuáles son parte de la cuenta de capital. Se considerarán transferencias de cuenta corriente las remesas de los emigrantes, los impuestos, las donaciones, premios artísticos, premios científicos, premios de juegos de azar...

CUENTA DE CAPITAL

La segunda división principal de la balanza de pagos es la balanza de capital. En ésta se recogen las transferencias de capital y la adquisición de activos inmateriales no producidos. Las transferencias de capital engloban todas aquellas transferencias que tienen como finalidad la financiación de un bien de inversión, entre ellas se incluyen las recibidas de organismos internacionales con el fin de construir infraestructuras.

CUENTA FINANCIERA

Artículo principal: Balanza financiera.

Registra la variación de los activos y pasivos financieros. Por tanto recoge los flujos financieros entre los residentes de un país y el resto del mundo.

Las diferentes rúbricas de la cuenta financiera recogen la variación neta de los activos y pasivos correspondientes.

Inversiones directas.

Inversiones en cartera.

Otras inversiones.

Instrumentos financieros derivados.

Cuenta financiera del Banco Central.

Cuenta de errores y omisiones

La cuenta de errores y omisiones abarca lo que se conoce como el capital no determinado. Se dice que es un ajuste por la discrepancia estadística de todas las demás cuentas de la balanza de pagos. En realidad la suma de los saldos de la cuenta corriente y de la cuenta de capital debe dar igual a las variaciones en las reservas monetarias internacionales.

VARIACIÓN DE LAS RESERVAS DE ORO Y DIVISAS

El Banco central reduce sus reservas de divisas cuando la balanza de pagos presenta un déficit. Lo contrario sucede cuando ésta presenta un superávit.

Significado de los saldos de la balanza de pagos

Los saldos de los distintos componentes de la balanza de pagos aportan información acerca de la situación de un país con respecto al exterior. Cuando un país compra más de lo que vende tiene que financiar la diferencia con préstamos; por el contrario, si vende más de lo que compra, puede prestar a otros con el excedente generado. Este principio es una característica de la balanza comercial.

Por este motivo, si existe un déficit en la balanza por cuenta corriente y en la de capital, tendremos que tener un superávit en la balanza financiera.

LA BALANZA DE PAGOS Y LA RESIDENCIA

A efectos de balanza de pagos se consideran residentes de un país las personas que tienen su residencia habitual en el mismo, y así no son residente ni los turistas ni el personal diplomático y consular extranjero. Tratándose de empresas, se consideran nacionales a efectos de balanza de pagos las domiciliadas en el mismo, aunque fuesen filiales de sociedades extranjeras.

LA BALANZA DE PAGOS EN ESPAÑA

En España el Real Decreto del Ministerio para la Administraciones Públicas 1651/1991, de 8 de noviembre, encomendó al Banco de España la elaboración de la Balanza de Pagos. Dicha elaboración se realizará conforme a las normas establecidas en el Quinto Manual del Fondo Monetario Internacional. En los últimos años, la elaboración de la Balanza de Pagos ha venido encontrando las dificultades de elaboración propias de la liberalización del comercio y la supresión de aduanas.

CRISIS DE BALANZA DE PAGOS

Analizamos más detenidamente el momento preciso en el que ocurre una crisis de balanza de pagos, esto es, cuando el banco central agota sus reservas y se ve obligado a desistir de la paridad fija del tipo de cambio. Como se plantea anteriormente, el punto de partida es un déficit fiscal subyacente, con un tipo de cambio fijo que consume lentamente las reservas en poder del banco central. Debido a que la cantidad de reservas es finita, es obvio que la autoridad será incapaz de mantener fijo el tipo de cambio en forma permanente. Además, el público empieza a pronosticar el colapso y a tomar acciones que de hecho contribuyen a evaporar las reservas internacionales. Por ejemplo, el público puede correr en masa a tratar de convertir su moneda local en moneda extranjera, aunque sea pocos minutos antes de que se declare la crisis cambiaria.

7.1.6 BALANZA COMERCIAL

La balanza comercial es la diferencia entre exportaciones e importaciones en otras palabras, el registro de las importaciones y exportaciones de un país durante un período de tiempo.

Las importaciones se refieren a los gastos que las personas, las empresas o el gobierno de un país hacen en bienes y servicios que se producen en otros países y que se traen desde esos otros países a él.

Las exportaciones son los bienes y servicios que se producen en el país y que se venden y envían a clientes de otros países.

La balanza comercial se define como la diferencia que existe entre el total de las exportaciones menos el total de las importaciones que se llevan a cabo en el país.

Balanza comercial = exportaciones – importaciones

Esta diferencia, según cuales sean las importaciones y las exportaciones en un momento determinado, podría ser positiva (lo cual se denomina superávit comercial) o negativa (lo cual se denomina déficit comercial).

Se dice que existe un déficit cuando una cantidad es menor a otra con la cual se compara. Por lo tanto podemos decir que hay déficit comercial cuando la cantidad de bienes y servicios que un país exporta es menor que la cantidad de bienes que importa. Por el contrario, un superávit comercial implica que la cantidad de bienes y servicios que un país exporta es mayor a la cantidad de bienes que importa.

7.1.7 TAZA DE INTERCAMBIO

Son las tarifas que se cobran entre sí los bancos por El uso que realizan sus clientes de las tarjetas para pagar en comercios y Establecimientos. En el periodo comprendido entre los años 2000 y 2002, las redes emisoras de Tarjetas (Sistema 4B, Servired y Euro6000), solicitaron del Tribunal de Defensa de la Competencia autorizaciones singulares para hacer efectivos los respectivos acuerdos sobre las TI aplicables por las entidades que formaban parte de estas redes. Desde entonces, los citados acuerdos se han venido aplicando de modo provisional, hasta el pronunciamiento del Tribunal acerca de los mismos. De acuerdo con la metodología de cálculo elaborada por los diferentes sistemas emisores de tarjetas, las tasas actuales se fijan tomando en consideración dos elementos:

- el sector al que pertenece el establecimiento comercial, y
- el tipo de transacción efectuada.

Con fecha 11 de abril de 2005, el Tribunal de Defensa de la Competencia ha dictado tres Resoluciones por las que deniega las solicitudes planteadas por las redes de medios de pago, entendiendo que la fijación de las TI que acordaron no se ajusta a condiciones que garanticen la libre competencia entre entidades, así como la no discriminación entre establecimientos, por estar falto de objetividad, transparencia y lógica económica, y porque conduce a unas TI muy superiores a la autorizadas por la Comisión Europea para transacciones. Por ello ha intimado a los tres sistemas solicitantes para que a partir del 15 de julio del presente año desistan de la aplicación provisional de los acuerdos notificados y procedan a un nuevo cálculo de las tasas. Señala el Tribunal que la fijación de las TI acordada por las entidades emisoras de tarjetas puede contribuir al progreso técnico y económico y que, por tanto, podría autorizar futuros acuerdos siempre que se cumplan las condiciones por él propuestas. En particular, el Tribunal entiende como requisito ineludible que el nivel acordado sea establecido bajo los criterios de objetividad, transparencia y adecuación a costes, de forma que para fijar las tasas solo deberán tenerse en cuenta dos elementos:

El coste de la transacción, que vendrá determinado por una cantidad fija por operación (elemento fijo), y el riesgo de fraude en la transacción, que deberá determinarse como un porcentaje del volumen de la misma (elemento variable).

7.1.8 EL SISTEMA MONETARIO INTERNACIONAL

El Sistema Monetario Internacional (SMI) es un conjunto de organizaciones, normas, reglas, acuerdos e instrumentos, que está estructurado para facilitar las relaciones monetarias entre países; es decir, los pagos y cobros derivados de las transacciones económicas internacionales. El actual SMI surgió en gran parte de la Conferencia de Bretton Woods en Estados Unidos, celebrada en 1945 por 29 países. Su objetivo principal es generar la liquidez monetaria (mediante reserva de oro, materias primas, activos financieros de algún país, activos financieros supranacionales, etc.,) para que los negocios internacionales, y por tanto las contrapartidas de pagos y cobros en distintas monedas nacionales o divisas, se desarrollen en forma fluida.

ESTRUCTURAS DEL SISTEMA MONETARIO

Unas estructuras más complejas que en anteriores sistemas, las funciones del actual se pueden agrupar en cuatro básicas y dos derivadas:

- Las primeras son:

a) Ajuste (corregir los desequilibrios reales medidos por las balanzas de pagos que afectan a las relaciones entre las divisas).

b) Liquidez (decidir los productos de reserva, formas de crearlos y posibilidad de cubrir con ellos los desequilibrios en una balanza de pagos).

c) Gestión (repartir y atender competencias, más o menos centralizadas en organizaciones como el actual Fondo Monetario Internacional y los bancos centrales de cada país).

d) Generar con las tres anteriores confianza en la estabilidad del sistema.

• Las funciones derivadas o secundarias de todo sistema son:

a) Asignar el señoreaje de las divisas (las ganancias por la emisión de dinero o diferencias entre el coste de emisión y el valor del dinero.

b) Acordar los regímenes de tipo de cambio.

Pero es quizá este último (los mecanismos por medio de los cuales se fijan los tipos de cambio) el factor más discutido y variable; concretamente, en las últimas décadas se ha discutido en torno a tres modelos: un sistema de tipos de cambio flexibles, en el que los precios de cada divisa son determinados por las fuerzas del mercado, un sistema de tipos de cambio fijos, y otro sistema mixto de tipos de cambio 'dirigidos', en el que el valor de algunas monedas fluctúa libremente, el valor de otras es el resultado de la intervención del Estado y del mercado y el de otras es fijo con respecto a una moneda o a un grupo de monedas.

LOS PRINCIPIOS DEL SISTEMA MONETARIO INTERNACIONAL

Puede decirse, que empieza a existir un Sistema Monetario Internacional cuando se pasa de relaciones económicas bilaterales a una estructura que, además de reunir el carácter de internacional, es susceptible de acuerdos o imposiciones más o menos multilaterales. De ahí que todos los imperios hayan tenido un SMI incipiente, e incluso que algunos emperadores antiguos concibieran como resultado la idea de una moneda única e incluso mundial l. Carlomagno, cuando introdujo el nuevo sistema monetario (libra, sueldo y dinero) en su Imperio (hacia el año 800 D.C.) albergara la posibilidad de ir extendiéndolo a otros países. Lo mismo le había sucedido al Emperador Diocleciano, en el siglo de III, cuyo modelo inspiró el carolingio. Pero las únicas divisas que se han aproximado a ese objetivo antes del actual dólar norteamericano han sido el real de a ocho de la plata española y la libra esterlina durante todo el tiempo del patrón oro, desde mediados del siglo XIX hasta 1931, año en que Londres abandonó definitivamente el sistema moneda mundial.

HISTORIA DEL SISTEMA MONETARIO INTERNACIONAL

Desde 1870 hasta la actualidad, se han utilizado diversos esquemas organizativos del SMI a partir de las seis funciones definidas en el segundo párrafo de este artículo. Los tipos de SMI resultante han sido básicamente tres, habiéndose reimplantado elementos de los tres para un segundo periodo: el patrón oro entre 1880 y 1914 y entre 1925 y 1931; el régimen de flotación dirigida entre 1918 y 1925, y nuevamente desde 1973 hasta la actualidad; y el sistema de Bretton Woods, articulado institucionalmente en torno al FMI y operativo desde 1946 hasta 1973, aunque sus principales instituciones y algunas de sus normas perviven en la actualidad. Los principales rasgos diferenciadores de cada modelo radican en la mayor o menor flexibilidad de los tipos de cambio resultantes, así como en el mecanismo de ajuste asociado a cada uno y en el funcionamiento de las instituciones de decisión y supervisión.

EVALUACIÓN UNIDAD VII

1. ¿QUÉ ES TASA DE INTERCAMBIO?

a) tarifas que se cobran entre sí los bancos por el uso que realizan sus clientes de las tarjetas para pagar en comercios y establecimientos.

b) Tarifas que los bancos cobran por no utilizar las tarjetas de crédito

c) Son los intereses que cobran los bancos

d) el periodo comprendido entre las redes emisoras de tarjetas

2. QUE SE ENTIENDE POR BARRERAS NO ARANCELARIAS?

a) Son las "leyes, regulaciones, políticas o prácticas de un país que restringen el acceso de productos importados a su mercado".

b) Son metodologías de cálculo elaborada por los diferentes sistemas emisores de tarjetas

c) Es la cantidad sobre la cual se calcula un impuesto

d) es la aplicación provisional de los acuerdos notificados y procedan a un nuevo cálculo de las tasas.

3. ¿QUÉ ES EL DUMPING?

a) El *dumping* es la práctica de comercio en el que una empresa fija un precio inferior para los bienes exportados que para los mismos bienes vendidos en el país. Sólo puede producirse si se dan dos condiciones: la industria debe ser competencia imperfecta a fin de que las empresas puedan fijar los precios, y los mercados deben estar segmentados, por lo que los residentes nacionales no puede comprar fácilmente bienes dedicados a la exportación. Es un tipo de discriminación de precios de tercer grado.

b) Es la práctica de la macroeconomía en una empresa con un precio para los bienes importados

c) Es el estudio de los precios de importación del país

d) Ninguna de las anteriores

4. COMO PAÍS IMPORTADOR, ¿QUÉ IMPLICACIONES TIENE?

a) La presencia del producto a precios tan bajos, tiene inicialmente un efecto benéfico para los compradores del país importador. Sin embargo, la empresa, dependiendo de la estructura del mercado, puede eliminar la competencia, llegando así a una situación de monopolio de la cual puede sacar provecho. Tampoco se deben dejar de considerar los eventuales perjuicios a la industria local.
b) Los precios bajos.
c) Depende de la estructura de la organización.
d) Ninguna de las anteriores.

5. SE ENTIENDE POR; LAS LEYES, REGULACIONES, POLÍTICAS O PRÁCTICAS DE UN PAÍS QUE RESTRINGEN EL ACCESO DE PRODUCTOS IMPORTADOS A SU MERCADO.

a) Economía
b) Ingreso
c) Economía política
d) Barreras no arancelarias

6. ESTABLECEN LA CANTIDAD MÁXIMA DEL PRODUCTO A SER IMPORTADA CON UN ARANCEL DETERMINADO:

a) Cuotas o contingencias
b) El municipio
c) El estado
d) Compradores

7. ¿QUÉ ES UN ARANCEL?

a) un impuesto
b) un bien
c) una divisa
d) una obligación

8. ¿QUÉ EFECTOS TIENE LOS ARANCELES EN LA ECONOMÍA?

a) disminución de las importaciones y consumo de los productos
b) disminución de consumo y aumento en las importaciones
c) disminución de consumo
d) aumento de las importaciones

9. ¿QUÉ ES UNA VENTAJA COMPARATIVA?

a) es la ventaja que tiene una persona al producir un bien respecto a otro por medio de la especialización
b) es la opción de comparar las ventajas y decidir cuál es mejor
c) es lo que tienes que producir para llegar a la frontera de posibilidades de producción
d) ninguna anterior

10. LA VENTAJA COMPARATIVA SE BASA EN:

a) Tus cualidades
b) La especialización
c) Lo que más te gusta hacer
d) Producir más.

8

CRECIMIENTO Y DESARROLLO

El crecimiento económico capta los aspectos no considerados por el producto bruto es el concepto de desarrollo económico, que incluye, además de aspectos como el nivel de producción, aspectos estructurales como la educación de la población, indicadores de mortalidad, esperanza de vida, etc. En el concepto de desarrollo también se incluyen nociones más abstractas como la libertad política, la seguridad social, etc.

8.1 ¿POR QUÉ NO SE USA EL CONCEPTO DE DESARROLLO ECONÓMICO U OTRAS MEDIDAS DEL BIENESTAR EN LUGAR DEL CONCEPTO DE PRODUCTO INTERNO BRUTO PARA MEDIR EL CRECIMIENTO ECONÓMICO?

Básicamente, por la dificultad para medir el desarrollo económico.

El desarrollo económico es un concepto muy amplio y no hay un consenso general sobre su definición exacta. Por otro lado, también es muy difícil trasladar la observación de desarrollo económico a una medida numérica del mismo, las comparaciones interregionales e Inter temporales son muy difíciles. El producto bruto interno es una medida numérica de fácil interpretación, además, "encaja" bien en los modelos económicos, donde en general el producto de una economía es el resultado de la combinación de insumos productivos (capital y trabajo) utilizando una tecnología determinada.

8.1.1 FUENTES DEL CRECIMIENTO ECONOMICO

Las teorías económicas de crecimiento se refieren al crecimiento de la producción potencial, o nivel de producción de pleno empleo.

La opinión popular suele dar tres tipos de respuestas con respecto a las causas del crecimiento económico: la primera nos dice que la economía crece porque los trabajadores tienen cada vez más instrumentos para sus tareas, más máquinas, es decir, más **capital**.

Para los defensores de esta idea, la clave del crecimiento económico está en la inversión. La segunda respuesta, es que los trabajadores con un mayor stock de conocimientos son más productivos y con la misma cantidad de insumos son capaces de obtener una mayor producción. Entonces la clave del crecimiento sería la educación, que incrementaría el **capital humano** o trabajo efectivo.

El tercer tipo de respuesta nos dice que la clave está en obtener mejores formas de combinar los insumos, máquinas superiores y conocimientos más avanzados.

Los defensores de esta respuesta afirman que la clave del crecimiento económico se encuentra en el **progreso tecnológico**. En general se considera que estas tres causas actúan conjuntamente en la determinación del crecimiento económico.

Las teorías de crecimiento económico explican sus causas utilizando modelos de crecimiento económico, que son simplificaciones de la realidad que permiten aislar fenómenos que se quiere estudiar. Estos modelos de crecimiento económico no se refieren a ninguna economía en particular, aunque sí pueden ser contrastados empíricamente.

Ejemplos de modelos de crecimiento económico son el modelo de Solow, el modelo de Harrod Domar, el modelo de Kaldor, el modelo AK, el modelo de Ramsey, modelos de crecimiento endógeno, como el modelo de Romer, el modelo de Lucas o el modelo de Aghion y Howitt, etc.

8.1.2 CRECIMIENTO ECONÓMICO

Es el aumento de la cantidad de bienes, la renta o el valor de bienes y servicios producidos por una economía. Se presencia cuando el producto bruto interno (PBI) aumenta o disminuye en la economía. Cuando la producción crece más rápido que la población, el PBI Per cápita, al que denominaremos estándares de vida promedio; aumenta. Cuando la producción crece más lento que la población, el estándar de vida promedio disminuye.

El crecimiento económico así definido se ha considerado (históricamente) deseable, porque guarda una cierta relación con la cantidad de bienes materiales disponibles y por ende una cierta mejora del nivel de vida de las personas. Sin embargo, no son pocos los que comienzan a opinar que el crecimiento económico es una peligrosa arma de doble filo, ya que dado que mide el aumento en los bienes que produce una economía, por tanto también está relacionado con lo que se consume o, en otras palabras, gasta. La causa por la que según este razonamiento el crecimiento económico puede no ser realmente deseable, es que no todo lo que se gasta es renovable, como muchas materias primas o muchas reservas geológicas (carbón, petróleo, gas, etc.).

8.1.3 IMPORTANCIA DEL CRECIMIENTO

Muchos se preguntaran ¿Por qué es importante el crecimiento económico? O para que sirva esto, bien esto es importante por una simple razón:

El crecimiento económico es una de las metas de toda sociedad y el mismo implica un incremento notable de los ingresos, y de la forma de vida de todos los individuos de una sociedad. Existen muchas maneras o puntos de vista desde los cuales se mide el crecimiento de una sociedad, se podría tomar como ejes de medición la inversión, las tasas de interés, el nivel de consumo, las políticas gubernamentales, o las políticas de fomento al ahorro; todas estas variables son herramientas que se utilizan para medir este crecimiento. Y este crecimiento requiere de una medición para establecer que tan lejos o que tan cerca estamos del desarrollo.

El crecimiento económico es especialmente importante en las naciones cuyos niveles de ingreso están muy por debajo de los que se disfrutan en Europa, Japón y Estados unidos. El estándar de vida promedio en algunos países del tercer mundo es tan bajo que muchas familias apenas son capaces de satisfacer sus necesidades básicas y muchas otras perecen víctimas de enfermedades o hambruna. Las estadísticas sobre los países pobres son sombrías y sin embargo solo arrojan luz sobre una parte de la realidad. Entornos de trabajos inseguros e insalubres, viviendas inadecuadas, y otras fuentes de miseria conforman la vida cotidiana de casi toda la población de los países de bajos recursos. Además de la emigración, el crecimiento económico constituye su única esperanza.

En las naciones prosperas el crecimiento es también una prioridad. Cuando la producción Per cápita crece, por lo menos se abre la posibilidad de que toda la población disfrute de una mejoría en el bienestar material sin afectar a nadie.

También se pueden alcanzar importantes objetivos sociales y ayuda al necesitado, mejoría de los servicios educativos, limpieza del medio ambiente.

Pero cuando la producción Per cápita se estanca, los beneficios materiales se convierten en tema de disputa: entre más poder adquisitivo tiene mi vecino, menos queda para que yo lo disfrute.

8.1.4 CAUSAS DEL CRECIMIENTO ECONÓMICO

1. **Cambio tecnológico lleva** a los economistas que analizan las causas del crecimiento económico a pensar en invenciones, investigación y desarrollo y a innovaciones técnicas.

2. **Mejora en la productividad total de los factores** lleva a pensar, según Harberger, en externalidades de diferentes tipos: economías de escala, derrames y complementariedades.
3. **Reducción de costos reales** lleva a pensar en todas las mejoras desde el punto de vista de un gerente de producción o un empresario. Según Harberger, en la compleja economía hay infinitas formas de lograr reducciones de costos reales y los economistas que analizan el crecimiento económico no deben concentrarse en sólo una de esas formas.

8.1.5 COSTOS DE CRECIMIENTO ECONÓMICO

Los economistas se han ido concentrando en algunas formas particulares de reducciones de costos reales:

Paúl Romer (1986) se concentró en la retroalimentación que produce el "conocimiento".

Robert Lucas (1988) se concentró en las externalidades que producen los incrementos del capital humano.

Estos autores desarrollaron modelos de crecimiento económico que intentaban endogeneisar R o R' (por esto se denominan modelos de crecimiento endógeno), pero no representan la naturaleza multifacética de la reducción de costos reales.

Siempre que cada gobierno aspire a un crecimiento económico implicara un costo.

Las reducciones fiscales que estimulan el empleo, la acumulación de capital o el progreso tecnológico, requieren aumentar otros impuestos, recortar programas de gasto o incrementar la deuda interna. Cualquier aumento del nivel de empleo a partir de una población dada exige un sacrificio del tiempo libre o de otras actividades distintas del trabajo.

8.2 COMPARACION ENTRE PAISES Y PAISES EN VIAS DE DESARROLLO

El desarrollo económico es la capacidad de países o regiones para crear riqueza a fin de promover o mantener la prosperidad o bienestar económico y social de sus habitantes. Se conoce el estudio del desarrollo económico como la economía de desarrollo.

La política pública generalmente apunta al crecimiento continuo y sostenido económico y la extensión de la economía nacional de modo que 'los países en vía de desarrollo' se hagan 'países desarrollados'. El proceso de desarrollo económico supone ajustes legales e institucionales que son hechos para dar incentivos para fomentar innovaciones e inversiones con el propósito de crear un eficiente sistema de producción y un sistema de distribución para los bienes y los servicios.

Para entender por qué ahora solo 1/5 del mundo se considera "desarrollado" (principalmente Japón, Europa Occidental, Estados Unidos, Canadá, Australia, Nueva Zelanda y pocos más), uno debe tener un buen conocimiento no solo de economía sino también historia, política, sociología y antropología. Uno debe tener en mente, que el mundo, desde el punto de vista de un país desarrollado, es un mundo de pobreza y escasez y por lo tanto es fundamental el reconocimiento de que no es que los otros 4/5 del mundo están retrasados, es más bien que el primer mundo ha tenido el "milagro" del desarrollo industrial-capitalista que se originó en Gran Bretaña hacia el fin del SXVIII y el comienzo del SXIX y después se difundió a otros países del primer mundo.

La economía de desarrollo surgió como una rama de economía debido a la preocupación - después de la Segunda Guerra Mundial - sobre el bajo nivel de vida en tantos países de América Latina, África, Asia y Europa Oriental. Estos estudios buscaban entender, entre otros puntos, el cómo se podía lograr el desarrollo económico y social lo más rápido posible, por qué el proceso de crecimiento industrial y el desarrollo que se había visto en Europa Occidental, EEUU y Japón no se había extendido a otras naciones o regiones, proceso que con anterioridad se creía sucedería "naturalmente". Estas cuestiones se hicieron urgentes debido al proceso de descolonización en el contexto de la Guerra Fría.

Casi desde un comienzo dos aproximaciones principales se hicieron notar: las corrientes que podrían ser llamadas "revolucionarias" (también llamadas el modelo cepeliano y desarrollismo) que fueron inspiradas por percepciones marxistas (tales como la teoría de la dependencia) y las corrientes que se podrían llamar de ingeniería económica o de "economía tradicional" (en el sentido de ser la aproximación que se aceptaba en universidades occidentales).

Las primeras aproximaciones de estas últimas a una teoría de la Economía de desarrollo asumieron que las economías de los países menos desarrollados (LDC siglas en inglés por Low Development Countries), eran tan diferentes de los países desarrollados que la economía básica no podía explicar el comportamiento de las economías de estas últimas. Tales aproximaciones produjeron algunos modelos interesantes y hasta elegantes, pero fallaron en explicar la realidad de ningún crecimiento, el crecimiento lento, o el crecimiento y el retroceso encontrado en la LDC.

Lentamente el foco intelectual se fijó en el estudio de cuales funciones básicas de la economía se encuentran también en las LDC. Esto clarificó el área de estudio de aproximaciones que a veces bordeaban en el racismo o etnocentrismo permitiendo la creación de modelos más efectivos. La economía tradicional, sin embargo, todavía no podía reconciliar el modelo de crecimiento débil y fracasado.

Mientras tanto, las aproximaciones revolucionarias ofrecían un buen marco explicativo de tal atraso o falla en el desarrollo. Sin embargo, adolecían del problema que no ofrecían un programa eficiente de acción, dado que donde se pusieron en práctica no entregaron los niveles de desarrollo que se esperaba. Se puede alegar sin embargo que el problema principal para estas aproximaciones fue político: sus propuestas no eran generalmente aceptables para los países desarrollados, en el sentido de estar generalmente asociadas con políticas "anticapitalistas". Consecuentemente, estas aproximaciones fueron destruidas por un proceso político.

Todo lo anterior, más otros factores socioeconómicos, dieron motivo a que, a partir de la década de los setenta del siglo XX, se buscara una nueva aproximación como guía práctica para la acción de los gobiernos en relación a esta problemática. Esta nueva demanda se concretó en el llamado Consenso de Washington.

Sin embargo, esto no detuvo el interés académico. En estos días, el campo de los estudios del desarrollo económico es todavía un campo en crecimiento, que busca revisar modelos económicos básicos y construir modelos nuevos para explicar el comportamiento de economías en vía de desarrollo. Además se busca un entendimiento más amplio, incluyendo otras disciplinas para explicar este fenómeno económico.

Además de los aspectos Macroeconómicos y Microeconómicos tradicionalmente estudiados, los economistas del desarrollo incluyeron el estudio de dos nuevas ramas de la ciencia: la Mezo economía y la Meta economía.

Otras temas de gran interés para el conocimiento del desarrollo económico son los relativos al papel del capital social (calidad de las instituciones, grado de confianza social y en el gobierno, libertad para el desarrollo de iniciativas empresariales y sociales, entre otros factores). Entre los trabajos pioneros en este sentido destacan los de varios historiadores económicos como el Premio Nobel Douglas North.

En lengua española existen interesantes publicaciones sobre desarrollo económico internacional, entre las que se incluyen, además de varios libros y documentos, artículos de las revistas especializadas en esta temática que figuran en los catálogos seleccionados de Latindex, Redalyc, Econ-Lit y otros. Las grandes ventajas que tiene la ONU para poder trabajar en favor del desarrollo en todo el mundo son las siguientes:

Es universal, puesto que todos los países tienen voz cuando se toman decisiones de política Es imparcial, puesto que no representan a ningún interés nacional o comercial en particular y pueden desarrollar relaciones especiales de confianza con los países y sus poblaciones para suministrar asistencia sin condición alguna Cuenta con presencia mundial, gracias a que cuentan con la mayor red de oficinas para el suministro de asistencia para el desarrollo Tiene un mandato amplio, que incluye el desarrollo, la seguridad, la asistencia humanitaria, los derechos humanos y el medio ambiente Está dedicada a "los pueblos de las Naciones Unidas".

8.3 EL DESARROLLO AGRICOLA E INDUSTRIAL

El sector agropecuario de la economía mexicana está integrado por cuatro ramas económicas: agricultura, ganadería, silvicultura y pesca.

La agricultura es: cultivo de la tierra para obtener los vegetales que se requieren para satisfacer las necesidades humanas.

La ganadería es: cría de ganado para obtener carne, leche piel y otros productos.

La silvicultura es: explotación de los bosques para obtener madera, resina, etc.

La pesca es: extracción de especies animales del agua.

8.3.1 LA EVOLUCION DEL SECTOR AGROPECUARIO

- El crecimiento más bajo del sector agropecuario se da en el sexenio de Miguel de la Madrid, pues solo alcanza, en promedio, 0.6% anual; el porcentaje más alto se presenta en el sexenio de Adolfo Ruiz Cortines: 6.45% anual.
- El promedio de crecimiento anual del sector de los demás sexenios fue el siguiente: Ávila Camacho, 4.5%; Alemán

Valdés, 5.8%; López Mateos, 3.4%; Díaz Ordaz, 3.1%; Echeverría Álvarez, 1.6%; López Portillo, 3.3%; Salinas de Gortari, 1.9% y Ernesto Zedillo, 2.2%; el primer año del sexenio de Fox, 2.5%.

- En algunos casos, se da incluso un decrecimiento del sector, lo cual representa un grave problema debido a que la población sigue aumentando; los años en que disminuyo el producto agropecuario son 1952, 1953, 1956, 1959 y 1982, 1986, 1988 y 1992.
- En otros casos, el crecimiento agropecuario es menor al crecimiento de la población, como en 1984, 1985, 1987 y de 1995 a 1998.
- La participación del sector agropecuario en el PIB ha ido disminuyendo en forma drástica, hasta representar en el año 2001 solo 4.2%, a pesar de que todavía casi la cuarta parte de la población económicamente activa labora en ese sector. Esta situación es muy grave y se ha complicado con el paso de los sexenios, ya que los gobiernos no consideran prioritario el desarrollo agropecuario.
- El promedio de participación de la producción agropecuaria en el PIB por sexenio es Ávila Camacho, 18.9%; Alemán Valdés, 18.4%; Ruiz Cortines, 17.6%; López Mateos, 15.3%; Díaz Ordaz, 12.8%; Echeverría Álvarez, 10.2%; López Portillo, 9.1%; De la Madrid Hurtado, 9.0%; Salinas de Gortari, 7.5%; Ernesto Zedillo 5.3% y 4.2% el primer año del gobierno de Vicente Fox.

Nuestro país cuenta con 196.7 millones de hectáreas, de las cuales solo son susceptibles de aprovechamiento agrícola 30 millones, que representan 15.2% de la superficie total. Únicamente se cultivan entre 20 y 25 millones de hectáreas al año, y de estas solo 4.8 millones son de riego, cerca de un millón son de jugo o humedad, y más de 18 millones son de temporal.

Podemos afirmar que hay una crisis del sector agropecuario, y en especial de la agricultura, desde mediados de la década de 1960; las causas principales de las crisis agrícolas son las siguientes:

1. Hasta 1970, el Estado mexicano tendió a favorecer prioritariamente el desarrollo industrial y comercial, dejando rezagado al sector agropecuario debido a la propia dinámica del sistema capitalista.
2. La productividad por hombre ocupado es mucho más baja en la agricultura que en la industria, lo cual se debe a la diferente densidad del capital empleado.
3. La desocupación y subocupación son los factores que más afectan a la agricultura, desplazando mano de obra del campo a la ciudad.
4. La inversión privada es baja y se concentr4a en explotaciones grandes o medianas que cu3entan con sistema de riego.
5. Las inversiones estatales en el campo solo han favorecido a un pequeño sector neo latifundista que tiene cultivos que se consideran rentables. Se ha descuidado la gran masa de campesinos ejidatarios y minifundistas que viven en condiciones infrahumanas y cuyos objetivos no les alcanzan para subsistir, y por eso tiene que vender su fuerza de trabajo durante parte del año (jornaleros agrícolas).
6. Las inversiones públicas se destinan principalmente a obras de infraestructura y algunos servicios, en tanto que se descuida la esfera propiamente productiva.
7. El excedente creado en el sector no se reinvierte, sino que sale hacia el sector industrial y comercial, descapitalizando a la agricultura.
8. Las crisis que han afectado a la economía en su conjunto se resienten más en la agricultura, el sector más atrasado. Esto se ha agravado en algunos años por las condiciones climatológicas desfavorables.

8.3.2 GANADERIA

La ganadería que se practica en México tradicionalmente ha sido extensiva (uso de grandes extensiones de pasto por cabeza de ganado), lo que ha ocasionado que muchas tierras aptas para la agricultura se destinen al pastoreo.

Existen cerca de 120 millones de hectáreas de pastos aprovechables para actividades pecuarias, lo que representa 61.3% de la superficie del país, aunque 70% de dicha superficie se encuentra en zonas áridas y solo 30% de pastos se localizan en zonas templadas y húmedas.

El ganado que se explota en México se divide en mayor, que incluye el bovino, uno de los más importantes, el caballar y el asnal, así como los toros de lidia y animales para el trabajo como bueyes y mulas; y el menor, en el que destacan ovinos, caprinos y porcinos, además de aves de corral como gallos, gallinas, guajolotes y patos. Es importante mencionar la cría de abejas (apicultura), que cada día es más importante.

8.3.3 SILVICULTURA

Es una rama del sector agropecuario que tradicionalmente no se ha explotado en forma conveniente, pues se desaprovechan grandes recursos forestales o bien se realiza la explotación en forma irracional, con las consecuencias negativas que ello implica.

Nuestro país cuenta con 41 millones de hectáreas de selva y bosques aprovechables para la silvicultura, lo cual representa 21% de la superficie total del país.

- Existen 34 114 124 hectáreas (ha) de bosques, lo cual representa 47.9% de los recursos forestales del país.
- Hay 35 916 645 ha. De selvas en el país, lo que representa 50.8% de todos los recursos forestales.
- Existen 1 232 374 ha. De otro tipo de vegetación, como manglares y vegetación de galería, que representan 1.7% de la vegetación total del país.

La producción silvícola se basa en la explotación de maderas finas como la caoba, el cedro y el ébano, y maderas que no lo son como el encino, el mezquite, el ocote, el oyamel, el pino y el roble. La forma de producción de la madera puede ser en rollo, aserrada, labrada, en trozos para chapa, en trozos para celulosa, en trozos para combustible y como carbón vegetal y desperdicios.

La mayor parte de las superficies forestales se localiza en la Sierra Madre Occidental, en las selvas del sureste y en las sierras Neo volcánica y del Sur.

Se destaca lo siguiente:

- El crecimiento promedio anual de la producción silvícola por sexenio ha sido el siguiente: Ávila Camacho, 5.1%; Alemán Valdés, 1.9%; Ruiz Cortines, 1.5%; López Mateos, 2.9%; Díaz Ordaz, 3.8%; Echeverría Álvarez, 3.1%; López Portillo, 3.4%; De la Madrid Hurtado, 0.7%; Salinas de Gortari, -2.9%, y Ernesto Zedillo, 3.9%.
- El mayor crecimiento de la silvicultura se dio durante el sexenio de Ávila Camacho y el menor, con Salinas de Gortari (en el que hubo disminución del producto).
- La participación de la silvicultura en el PIB tradicionalmente ha sido muy baja y tiene a decrecer, de manera que en 1996 representa la sexta parte de lo signifíco en 1941.
- La participación silvícola en el PLIB, en promedio anual por sexenio, ha sido la siguiente: Ávila Camacho, 1.3%; Alemán Valdés, 0.8%; Ruiz Cortines, 0.6%; López Mateos, 0.5%; Díaz Ordaz, 0.4%; Echeverría Álvarez, López Portillo, Miguel de la Madrid y Salinas de Gortari, 0.3%, y Ernesto Zedillo, 0.2%.

La baja producción silvícola, así como su mínima contribución al PIB, ha ocasionado que se tengan que importar productos maderables, lo cual corrobora que la actividad silvícola se encuentra en una grave situación, al igual que la agricultura y la ganadería y por lo tanto, forma parte de las crisis que afecta al sector agropecuario en general.

8.3.4 PESCA

La pesca es otra rama de4l sector agropecuario que nunca se ha explotado adecuadamente debido a múltiples factores, entre los que destacan: la idiosincrasia de los mexicanos, pues no se trata de un pueblo pesquero, que produzca o consuma pescado en forma regular; la explotación se ha centrado en ciertas especies comerciales como el camarón y el atún; no se cuenta con recursos técnicos, financieros y humanos para llevar a cabo una explotación más intensiva; esto ha propiciado que barcos extranjeros japoneses, cubanos, estadounidenses y de otras naciones se internen a pescar4 en nuestros mares.

Nuestro país cuenta con 10143 Km. de litorales continentales (sin incluir los insulares), lo que representa 69.5% del perímetro total, que es del 14 591 Km. y formados por los límites con Estados Unidos de América, Guatemala y Belice.

Hay que considerar que en el mar habitan 4/5 partes de la fauna del planeta, con cerca de 20 000 especies; sin embargo, en nuestro país se explotan solo algunas de ellas, entre las que destacan:

- Comestibles: abulón, almeja, albacora, anchoveta, atún, barrilete, camarón, cazón, corvina, charal, guachinango, langosta, lisa, mero, mojarra, macarela, ostión, pargo, pulpo, róbalo, sardina, sierra, tiburón, tortuga y pescado fresco de varios tipos.
- Industriales: anchoveta, algas y sargazos marinos, y pescados de los que se extraen harina y otros productos derivados.
- La pesca es la rama del sector agropecuario que más ha crecido en el periodo estudiado, aunque su participación el PIB es también la más baja, junto con la silvicultura.

CONSIDERACIONES IMPORTANTES

- Hubo varios años en los que se dio decremento de la producción pesquera, el último de los cuales fue 1998, en que la disminuye -12.1%.

- El crecimiento promedio anual por sexenio de esta rama ha sido el siguiente: Ávila Camacho, 13.2%; Alemán Valdés, 6.5%; Ruiz Cortines 10.5%; López Mateos, 5.8%; Díaz Ordaz, 1.8%; Echeverría Álvarez, 4.2%; López Portillo, 9%; De la Madrid Hurtado, 2.6%; Salinas de Gortari, 1.2%; y Ernesto Zedillo, -0.2%.
- A pesar de las fluctuaciones en la producción, la participación de la pesca en el PIB se ha mantenido relativamente constante, oscilando entre 0.1 y 0.3%, que es muy baja y se podría incrementar.
- La participación en el PIB, en promedio anual por sexenio, ha sido la siguiente: Ávila Camacho, 0.1%; Alemán Valdés, 0.2%; Ruiz Cortines, 0.2%; López Mateos, 0.2%; De la Madrid Hurtado, 0.3%; Salinas de Gortari, 0.2%; y Ernesto Zedillo, 0.1%.

Las especies más explotadas son las comerciales, que generalmente se exportan, como el camarón, el atún y la langosta.

8.4 LA REFORMA AGRARIA

Es el proceso de adecuación de las relaciones campesinas a las relaciones capitalistas.

Introducir el capitalismo en el campo significa que se produzcan mercancías que se compren y vendan en el mercado, sea nacional o internacional; que haya inversiones en maquinaria, equipo, fertilizantes, semillas mejoradas, etc., que se aplique nueva tecnología; en fin, todo lo que caracteriza el sistema capitalista.

Uno de los resultados más palpables del proceso de reforma agraria es, sin duda alguna, la polarización de la agricultura mexicana, es decir, la creación de dos polos agrícolas opuestos pero complementarios; por un lado, un amplio sector minifundista con condiciones pre capitalistas y por el otro un reducido sector neo latifundista.

- Minifundio: forma de explotación pre capitalista, en una parcela menor de cinco hectáreas, con técnicas muy atrasadas que ni siquiera alcanza a satisfacer las necesidades de los productores.

- Neo latifundio: forma de explotación capitalista en una gran extensión de las mejore tierras, con técnicas avanzadas y altas tasas de producción.

8.5 DESARROLLO INDUSTRIAL

El sector industrial se divide en dos subsectores, que son la industria extractiva y la industria de transformación.

- Industria extractiva: conjunto de actividades para extraer del subsuelo recursos naturales como minerales y petróleo.
- Industria de transformación: conjunto de actividades económicas que tienen por objeto producir bienes materiales que ha n tenido algún cambio durante el proceso productivo.

La industrialización es el proceso económico por medio del cual los países crean, desarrollan e impulsan industrias de todo tipo.

La industrialización en nuestro país prácticamente se inicia desde el siglo XIX, durante la época porfiriza. Algunas de las manufacturas que había durante este periodo eran textiles, de productos alimenticios, de cerveza y tabaco.

Estas manufacturas se instalaron en ciudades importantes del país, con el consiguiente proceso de urbanización. Algunas de estas ciudades manufactureras fueron Distrito Federal, Puebla, Guanajuato y Guadalajara.

Sin embargo, la industrialización porfiriza fue muy pobre, pues la actividad principal de la época era la agricultura de exportación y se fomentaba poco la industria. En este periodo, la clase dominante era la oligarquía terrateniente. Este modelo de crecimiento que siguió nuestro país durante el Porfiriato se conoce como modelo de crecimiento hacia fuera (consiste en producir para el mercado externo).

Después del movimiento armado de 1910, viene un periodo de ajuste en el cual se va formando el nuevo Estado, surgido de la lucha armada, la industria aun no es la actividad fundamental debido a que la oligarquía terrateniente todavía conserva un gran poder económico y político.

Sin embargo, las condiciones internas del país, asociadas con la crisis capitalista mundial de 1929, hacen que el Estado se vea obligado a cambiar el rumbo de la nación.

México tuvo que seguir un modelo de crecimiento hacia adentro (producir para satisfacer las necesidades del mercado interno), porque nuestras necesidades ya no eran satisfechas debido a la drástica disminución de bienes procedentes del mercado exterior, de modo que estos tuvieron que producirse internamente.

En la segunda guerra mundial se dan las condiciones que permiten impulsar la industrialización mediante la sustitución de importaciones. En este periodo, se aprovecha mejor la capacidad instalada y se invierte en nuevas instalaciones; se intensifica el proceso de acumulación y formación de capitales; se abre el mercado externo a la exportación de productos manufacturados; existe abundante mano de obra barata, además, se impulsan algunas industrias básicas, como la siderúrgica, la de productos metálicos, la del cemento, la de fertilizantes y la de productos químicos.

8.6 PRINCIPALES FUNCIONES DEL SECTOR INDUSTRIAL

* Contribuir a la producción nacional con un porcentaje importante, que aso de 24.2% respecto al PIB, A 26.7% en el sexenio de Zedillo.
* Colaborar a que el crecimiento económico sea alto, ya que el de la producción industrial por lo general es más alto que el del PIB. Así mismo cuando la producción industrial disminuye, también retrocede el PIB.

- La producción industrial ha sido y es la base de la economía capitalista mexicana, pues constituye una de las actividades principales del proceso de reproducción capitalista.
- Con el proceso de industrialización, ha de diversificado la producción de bienes y servicios, lo que permite el acceso a una gran cantidad de productos manufacturados.
- Producción de casi todos los bienes de consumo necesario para la población nacional, aunque no satisface todas las necesidades de bienes intermedios, de capital y duraderos.
- Propiciar el proceso de urbanización que trajo consigo el aumento de la población en las ciudades, con todas sus ventajas y desventajas.
- Gran captación de mano de obra expulsada del sector rural.
- Compra de tecnología extranjera que poco a poco se ha ido asimilando al aparato productivo nacional.
- Fomentar el proceso de formación de capitales mediante el incremento de inversiones y la compra de maquinaria, herramienta, equipo, insumo, y, de su nivel de vida.

Es evidente que en las décadas de 1980 y 1990, muchas de estas funciones dejaron de cumplirse de manera eficiente, lo que generó una diversidad de problemas que aún se padecen y que se analizan en el apartado siguiente.

8.7 INFRAESTRUCTURA: DESARROLLO Y FINANZAS

La infraestructura es la necesidad de ampliar, diversificar y mejorar estos servicios emana de los imperativos de una economía, como la mexicana, que pretende incorporarse a la dinámica internacionalización de los mercados en un clima de competitividad interna y externa- y decidido fomento a las exportaciones no tradicionales.

En efecto, las pautas tradicionales de crecimiento tuvieron un sesgo intrínseco en contra de los servicios de transporte, comunicaciones, energía y administración de los recursos hidráulicos, entre otros aspectos infraestructurales.

No se registraron racionalidad, consistencia y continuidad en el despliegue de la infraestructura, y estas limitaciones se acentuaron en la última década al contraerse la inversión en este sector.

Esta propensión contraria a una extendida y flexible infraestructura inherente a la pauta concentradora del esquema secular de desarrollo provocó los siguientes efectos:

El desarrollo rural y agrario llevó a una dispersión desordenada de la propiedad, de los propietarios y de los trabajadores, sin que un sistema adecuado de comunicaciones, abasto y electrificación avanzara en forma paralela o le pusiera freno.

Mientras que en los años cuarenta, el campo surtía de alimentos y materias primas a los centros urbanos en rápida formación, en el curso del tiempo la oferta de estos productos -tanto para el mercado interno como para la exportación se fue reduciendo hasta forzar al país a la creciente importación de alimentos humanos y animales.

Este desequilibrio de oferta demanda emanó de variadas circunstancias, pero no cabe duda que las insuficiencias de la infraestructura constituyeron un cuello de botella que obstruyó la articulación del campo con los centros urbanos industriales y de consumo masivo.

La pauta tradicional de crecimiento no demandó la aplicación de políticas de desarrollo regional. Esta omisión gestó diferentes efectos: excedentes de población rural; la extensión del minifundismo; el abandono de tierras y el éxodo hacia el Distrito Federal y ciudades intermedias, y la orientación unilateral de la asistencia técnica en favor de áreas irrigadas en tanto que las de temporal padecieron las consecuencias de la creciente heterogeneidad y polarización.

En cuanto al desarrollo industrial cabe anotar, primero, la reducida productividad de las plantas que no pudieron o no supieron beneficiarse de las economías de escala. Los costos de transporte y comunicación fueron excesivamente altos, e influyeron negativamente en el precio comparativo de los bienes.

Sin infraestructura ramificada y extensa, la producción industrial tendió a concentrarse en las cercanías de los mercados de consumo. No es accidente que en el área metropolitana de la Ciudad de México se produzca una tercera parte del total de los bienes manufacturados generados en el país.

Todas estas limitaciones de la infraestructura se hicieron más pronunciadas con la paralización ascendente de la economía acaecida en los años setenta. Obras y servicios básicos se ajustaron a esta propensión que lesionó, entre otros efectos, el equilibrio sectorial y regional.

Así, los patrones tradicionales de desarrollo alentaron obras de infraestructura de alcance parcial que restringieron la creación y difusión de articulaciones intersectoriales, circunstancia que forjó un conjunto de círculos viciosos que, por disfuncional acumulación, no permitieron que la infraestructura superara un bajo umbral.

Todos estos propósitos son prácticamente inalcanzables sin una infraestructura con las características antes señaladas. En otras palabras, el modelo emergente de crecimiento demanda no sólo rectificar el carácter limitado y el deterioro ascendente de obras y servicios de infraestructura, sino alterar sus orientaciones.

8.8 EDUCACIÓN: DESARROLLO Y FINANCIACIÓN

La educación es:

- El proceso multi direccional mediante el cual se transmiten conocimientos, valores, costumbres y formas de actuar. La educación no sólo se produce a través de la palabra: está presente en todas nuestras acciones, sentimientos y actitudes.
- El proceso de vinculación y concienciación cultural, moral y conductual. Así, a través de la educación, las nuevas generaciones asimilan y aprenden los conocimientos,

normas de conducta, modos de ser y formas de ver el mundo de generaciones anteriores, creando además otros nuevos.
- Proceso de socialización formal de los individuos de una sociedad.
- La educación se comparte entre las personas por medio de nuestras ideas, cultura, conocimientos, etc. respetando siempre a los demás. Ésta no siempre se da en el aula.

8.8.1 VINCULACIÓN CONCEPTUAL ENTRE DESARROLLO Y EDUCACIÓN

La consideración del desarrollo humano (entendido como un proceso de aprendizaje y de aplicación de lo aprendido para mejorar la calidad de vida) como el eje de todo proceso de crecimiento, ha puesto de manifiesto la necesaria vinculación entre desarrollo y educación.

Desde que en los inicios de los años sesenta se acuñara el término «capital humano» como la capacidad productiva del individuo incrementada por factores como la educación, la teoría económica ha buscado evidencia empírica sobre la relación entre educación y crecimiento económico.

Los resultados logrados por las investigaciones son ambiguos. Los que niegan cualquier tipo de relación se apoyan en ejemplos como el sueco o la paradigmática primera revolución industrial británica para aducir que el desarrollo se produjo sin necesitar apenas de la educación formal. En el extremo opuesto se sitúan los que enfatizan el caso alemán en el siglo XIX o el modelo japonés más reciente, caracterizados ambos por el impulso decidido a la educación como elemento clave para el desarrollo económico. Ello es así porque la relación entre educación y desarrollo es compleja y se ve afectada por muchos factores, tanto endógenos como exógenos. Su importancia no se ha podido verificar ni medir con exactitud, pero, como ya se señaló previamente, existe un notable grado de acuerdo en resaltar, como ya lo hiciera la Conferencia Mundial sobre Educación de 1990, que la educación es condición indispensable, aunque no suficiente, para el desarrollo económico, social y cultural.

En consecuencia, existe un acuerdo generalizado en considerar que cuando existe una estructura social que permite la movilidad ascendente y un contexto económico favorable, la educación produce un capital humano más rico y variado y reduce las desigualdades sociales, endémicas en los países no desarrollados. Una política educativa puede, por lo tanto, convertirse en fuerza impulsora del desarrollo económico y social cuando forma parte de una política general de desarrollo y cuando ambas son puestas en práctica en un marco nacional e internacional propicio.

Por lo tanto, para que la educación pueda cumplir ese papel clave, es necesario vincularla a las políticas de desarrollo. Es imprescindible tomar decisiones sobre el desarrollo socio-económico que se desea impulsar, sobre el tipo de sociedad que se quiere construir y, consecuentemente, sobre qué educación promover. La educación puede ser hoy la llave para un nuevo tipo de desarrollo, basado en una concepción revisada del lugar que ocupa el hombre en la naturaleza, y en un fuerte sentido de la solidaridad.

La articulación entre los conceptos de educación y desarrollo ha constituido uno de los ejes de importancia capital en conferencias o propuestas de actuación, tanto de carácter regional como mundial. Dada su importancia como referentes, se reseñan a continuación algunas de aquellas aportaciones que se han considerado de mayor interés para el tema que nos ocupa.

8.8.2 FINANCIAMIENTO DE LA EDUCACIÓN

Uno de los aspectos más importantes acerca de la educación es que su financiamiento proviene del sector gubernamental en la mayoría de los países en el mundo. Este financiamiento se ha manifestado en una elevada matrícula escolar y en otros beneficios para sus sistemas educativos, como el acceso universal a la educación en muchas naciones. Sin embargo, la educación otorgada por el sector público no siempre es la mejor para nuestros niños, ya que existen grupos que son dejados atrás como minorías lingüísticas, minusválidos, entre otros. Asimismo, continuamos observando diferencias en la escolaridad entre diversos grupos, particularmente entre niños y niñas, en gran parte del orbe.

Al analizar modelos de financiamiento a la educación basados en la demanda, debemos de tratar aspectos como el que el gasto público en la educación es a menudo ineficiente: gran parte de las erogaciones en este rubro, se realizan en renglones que frecuentemente no producen un resultado satisfactorio.

Además de ser ineficientes, los subsidios a la educación comúnmente se distribuyen de manera errónea entre los diferentes grados escolares. Por ejemplo, nosotros sabemos ahora que la "productividad (ganancia) social" de invertir en educación básica es mayor que la obtenida al destinar recursos a la educación superior; sin embargo, en la mayoría de los países el monto de subsidios que se destina a la educación superior es muy superior al destinado a la educación básica.

En años recientes, los gobiernos han sido menos capaces de sostener la pesada carga de un inmenso sistema público destinado a la educación.

Asimismo, la interrogante sobre quién debe pagar por la educación, es un tema recurrente en muchas naciones. En este mismo sentido, frecuentemente se cuestiona qué proporción de los costos educativos deberá ser financiada por los beneficiarios de la misma y qué proporción deberá ser financiada por la sociedad; después de todo, existen beneficios sociales de la educación. Aun si pudiéramos resolver la pregunta sobre si la educación es un bien público o un bien privado, la interrogante sobre si los subsidios deberían ser otorgados a las escuelas o bien directamente a los beneficiarios (los estudiantes o su familia) permanecería aún sin resolver.

Dentro de las razones más conocidas para el financiamiento público a la educación, se encuentran las siguientes:

a) Los subsidios públicos buscan resolver desigualdades sociales: en muchas naciones, las diferencias en la distribución del ingreso son atacadas a través de la educación, misma que impulsa a una mayor movilidad social y reduce las desigualdades.

b) Asimismo, a pesar de las altas ganancias privadas de la educación, es difícil que individuos con recursos limitados puedan financiar su propia educación. Estas imperfecciones en el mercado de capitales constituyen otra razón para destinar recursos públicos a la educación.

c) La información sobre oportunidades de inversión educativa, a la que tienen acceso los miembros menos afortunados de una sociedad, no tiene una difusión amplia.

d) Las externalidades relacionadas con la inversión en la educación.

Por otra parte, persiste la interrogante sobre qué acciones realizar para incrementar la matrícula en la educación básica. Aun y cuando existen monopolios públicos en la educación en algunas naciones, no hemos alcanzado a muchos miembros de la sociedad.

¿CÓMO PUEDE ESTIMULARSE A LA SOCIEDAD PARA QUE AYUDE A INCREMENTAR LA MATRICULA ESCOLAR EN LA EDUCACIÓN BÁSICA?

Desde esta perspectiva, debemos considerar los siguientes retos:

a) Financiar los costos directos que deben erogar los individuos. En muchos países, hemos visto que la educación básica representa costos excesivos para sus ciudadanos.

b) Aun y cuando en muchos casos la escuela es gratuita, la distancia que deben recorrer los individuos desde sus hogares rurales hasta los planteles educativos representa costos, ya que los pobres deben invertir un tiempo excesivo en desplazarse y, frecuentemente, no existe un sistema público de transportación disponible.

c) El costo oportunidad que deben soportar los pobres es muy alto: comúnmente las familias pobres requieren que sus niños colaboren dentro del hogar o bien en labores agrícolas, por lo que estos costos de oportunidad de enviar a sus niños al colegio son mayores aun a sus costos directos.

La solución a los retos anteriores depende, tanto del mercado que exista para la educación en un país determinado, como del lugar Es decir, en diferentes naciones la mezcla entre escuelas públicas y privadas varía, así como el monto de subsidios públicos y recursos privados invertidos. Por tanto, los métodos para incrementar la matrícula en la educación básica dependerán de las particularidades propias de cada país.

Por medio de varios estudios, llegamos a siete definiciones de mecanismos utilizados para estimular la educación basada en la demanda:

1. Estipendios.
2. Financiamiento comunitario.
3. Becas orientadas a objetivos específicos.
4. Vales: es un medio de financiar la educación a través de otorgar a los padres un vale para que estos obtengan un lugar para sus hijos en la escuela que ellos mismos hayan elegido.
5. Asistencia pública a escuelas privadas.
6. Préstamos estudiantiles.
7. Financiamiento comunitario.

8.8.3 LOS MECANISMOS QUE INCENTIVAN EL FINANCIAMIENTO EDUCATIVO POR PARTE DE LA DEMANDA DEBEN SER TOMADOS EN CUENTA:

1. Estos programas incrementan la efectividad con que se utiliza el financiamiento público. Si la mayoría de las

naciones han visto afectados sus sistemas educativos por cambios tecnológicos, números mayores de estudiantes y costos crecientes de otorgar servicios educativos, la forma de financiamiento a esta actividad deberá ser considerada cuidadosamente.

2. Debemos investigar con mayor profundidad el mercado para la educación, es decir, la demanda y oferta educativa. En el pasado, muchos programas auspiciados por organismos internacionales, incluyendo los del Banco Mundial, asumían que si existía una necesidad de incrementar la matrícula educativa se debía contar con la participación del sector público en la construcción y mantenimiento de planteles escolares.

Ahora, es necesario reconsiderar la participación del sector privado en la educación. Asimismo, es necesario estudiar la demanda de escolarización. En muchos casos, los padres de familia deciden no enviar al colegio a sus hijos, decisión que se explica principalmente por el fenómeno de la pobreza pero también por dudas sobre la relevancia para la vida de la educación recibida, así como por interrogantes sobre la calidad de la misma.

3. El financiamiento educativo basado en la demanda demostró ser un mecanismo de financiamiento alternativo viable para diferentes culturas y ambientes.

EL PROBLEMA DE LA POBLACIÓN

La población tiene dos grandes problemas que son la sobre población y la Infra población.

8.9.1 SOBREPOBLACIÓN

La **sobrepoblación** o **superpoblación** es una condición en que la densidad de la población se amplía a un límite que provoca un empeoramiento del entorno, una disminución en la calidad de vida, o un desplome de la población.

La sobrepoblación no se determina en función del tamaño o densidad de la población. Sino utilizando la proporción de población que dispone de recursos sostenibles. Si en un entorno determinado tiene una población de diez personas, pero solo hay comida y agua potable para nueve, este entorno este sobre poblado, pero si en un entorno la población es de 100 personas, pero hay suficientes alimentos, vivienda y agua para 200 personas y para un futuro indefinido, este no está sobre poblado.

La sobrepoblación puede ser el resultado de un aumento en los nacimientos, una disminución en las tasas de mortalidad debido a los avances de la medicina, un aumento de la inmigración, una disminución de la emigración, o de un ambiente poco sustentable y con agotamiento de recursos.

El impacto que las poblaciones humanas ejercen en el ambiente natural es severo. Muchas especies animales y vegetales han sido extinguidas por el avance de las manchas urbanas, la contaminación es un problema cada día más grande por el uso de más coches y la industrialización de los países emergentes.

INFRAPOBLACIÓN

La Infra población se suele definir como un descenso demográfico tan fuerte que amenaza al sistema económico de un determinado país. Un ejemplo sencillo es un país con un sistema de seguridad social con ayudas a los jubilados, y en que a una generación que tuviera una media de 3 hijos por mujer le sucediera otra con menos de 2 hijos. En este caso, la generación más joven no podría sostener a la generación envejecida, lo que podría dar lugar a problemas.

La Infra población no tiene que ver con la cantidad de personas que viven en un determinado país, sino en la proporción entre su población en una generación dada y la siguiente, y no se suele oponer a la superpoblación, que tiene que ver con la población en relación a los recursos absolutos, Como pasa Con la Sobrepoblación.

DISTRIBUCIÓN DE LA RENTA

La distribución de la renta generada por los mercados libres no pretende ser éticamente equitativa. Dependiendo de quién comienza qué actividad y con qué recursos, los mercados privados pueden generar muchas diferentes distribuciones finales diferentes para quién de los recursos y del bienestar. El gobierno podría intervenir para modificar la distribución de la renta, cobrando impuestos a unos y dándoselo a otros.

En la realidad, los gobiernos modernos se involucran en procesos de redistribución de la renta a gran escala. La participación porcentual de las transferencias en el gasto del gobierno ha aumentado en todo el mundo desde 1960. El gasto del gobierno en transferencias, representa la redistribución de la renta que realiza el gobierno hacia los mayores (a través de la seguridad social), los desempleados (a través de las subvenciones por desempleo), los agricultores (a través de los precios) y muchos otros beneficiarios.

El rápido aumento del gasto en transferencias ha sido una fuente de controversia; algunos críticos argumentan que muchos de los programas del gobierno para mejorar el bienestar han perjudicado a las personas que se pretendía ayudar.

Hay una diferencia entre la intervención del gobierno para modificar la distribución de la renta y la intervención para garantizar el nivel óptimo de bienes públicos o hacer que los precios de mercado reflejen las externalidades. En estos últimos el gobierno está actuando de forma que, en principio, puede hacer que todas las personas se encuentren mejor.

Pero cuando el gobierno interviene para modificar la distribución de la renta, mejora la situación de unas personas pero empeora la de otras.

Los gobiernos se preocupan no sólo de la distribución de la renta, sino también del consumo de ciertos bienes y servicios.

Los **bienes preferentes** son bienes que la sociedad considera que la gente debe recibir o consumir sin importar su nivel de renta. Los **bienes preferentes** incluyen, entre otros, salud, educación, vivienda y alimentos.

La sociedad puede pensar que todas las personas deben tener una vivienda adecuada. ¿Existe una **justificación económica** para la intervención del gobierno con respecto a los bienes preferentes? En cierto sentido siempre la hay, dado que el hecho de que haya gente viviendo en la calle genera una externalidad, pues hace sentir mal a aquellos que pueden acceder a una vivienda confortable. Al hacer accesible la vivienda para aquellos que de otra forma estarían en las calles, el gobierno hace sentir mejor al resto de los ciudadanos.

Las preocupaciones de la sociedad acerca de los bienes preferentes están estrechamente relacionadas con sus preocupaciones sobre la distribución de la renta. La diferencia en el caso de los **bienes preferentes** radica en que la sociedad quiere asegurarse del consumo de determinados **bienes** y **servicios**, en lugar de **bienes** y **servicios** de tipo general. Algunos de los **bienes** que proporciona el gobierno (como la salud y la educación) son **bienes preferentes**.

En el caso de los bienes preferentes, como en el de los bienes públicos, la preocupación del gobierno no justifica que los tenga que producir él mismo. La teoría económica justifica las políticas que garantizan que los individuos consuman cantidades específicas de bienes preferentes, pero no justifica que tenga que ser el gobierno el que deba producirlos. El aspecto más delicado cuando se habla de bienes preferentes y de la distribución de la renta es la forma en la que la sociedad o el gobierno decide lo que debe recibir cada persona.

Cualquier individuo puede tener un punto de vista perfectamente sensible sobre estas cuestiones; por ejemplo, que la sociedad estará mejor cuanto más equitativa fuera la distribución de la renta, que la distribución actual es la adecuada, que las personas que trabajan más deben ser mejor recompensadas, que las personas que necesitan más deberían obtener más, o que todos deberían tener una vivienda digna y nadie debería pasar hambre. Traducir todas estas opiniones a una visión coherente adoptada por el gobierno e implementada por medio de los impuestos y transferencias es la difícil tarea de la política.

8.11 PARA CALCULAR LA DESIGUALDAD ECONÓMICA A TRAVÉS DE LA DISTRIBUCIÓN DE LA RENTA (O DISTRIBUCIÓN DEL INGRESO) SE USAN LOS SIGUIENTES PUNTOS:

- Análisis: Esta distribución puede ser analizada con diferentes enfoques: a) Geográfico espacial: mide las diferencias de renta entre los habitantes de diversas regiones; b) Distribución funcional: mide las diferencias entre los estamentos productivos: industria agricultura servicios, trabajo capital.
- Medida: La herramienta usada para medir la distribución del ingreso es la Curva de Lorenz.
- Impacto social: En el sistema neoliberal existe una pugna ideológica respecto a si el mercado puede regularse solo y distribuir de manera equilibrada la riqueza de un país o si deben intervenir agentes externos a él, es decir si el Estado debe dictar sus normas. Detrás de esta discusión está la desigualdad social, que en ciertos países es un tema sensible en la relación entre las élites y el resto de la población.

El neoliberalismo radical postulará que el Estado debe desentenderse totalmente de la actividad empresarial y servir sólo como garante de estabilidad. El socialismo renovado y sectores de centro forman parte de un neoliberalismo más templado que promueve un Estado más preocupado de temas sociales, pero sin abandonar la ideología del liberalismo contemporáneo.

8.12 CURVA DE LOREN

En ella se colocan en el eje de abscisas la cantidad de población ordenada por su renta, y en el de ordenadas la renta. La situación ideal sería una línea recta, que indicaría la igualdad de reparto. Per ende, cuanto mayor sea el semicírculo que separa la curva de la recta, mayor es la desigualdad. Esta área se llama área de concentración, y se mide con el Coeficiente de Gini, que oscila entre 0 y 1: 0 indica la máxima distribución y 1 la máxima concentración.

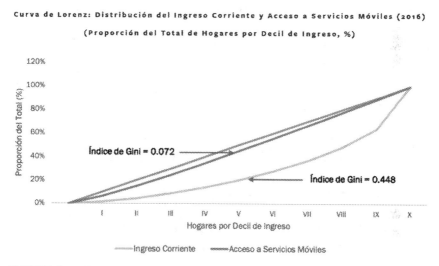

Curva de Lorenz: Distribución del Ingreso Corriente y Acceso a Servicios Móviles (2016)

(Proporción del Total de Hogares por Decil de Ingreso, %)

FUENTE: https://www.theciu.com/publicaciones-2/2019/7/21/gini-lorenz-y-el-cierre-de-la-brecha-de-conectividad-mvil

8.13 PERSPECTIVAS DE ESTUDIO DE LA DISTRIBUCIÓN DE LA RENTA

Existen tres perspectivas de estudio:

- Funcional: Asignación de rentas a los factores (trabajo y capital) que intervienen en los procesos de producción.
- Personal: Reparto de la renta entre los individuos y las familias, sin tener en cuenta el origen de los ingresos.
- Espacial: Distribución en el territorio.

8.14 POLÍTICAS ECONÓMICAS Y DISTRIBUCIÓN DE LA RENTA

Según tesis socialistas, bajo un sistema capitalista liberal el reparto desnivelado tendría base en la prevalencia del lucro sobre los medios de producción privados por lo que surge una situación de antagonismo. En la política económica del liberalismo económico el Estado debe dejar de intervenir en todos o algunos asuntos económicos de sus ciudadanos y eliminar políticas de gasto público para que la desregulación y la flexibilidad del mercado permita el progreso libre de los ciudadanos.

En la mayoría de los países existen impuestos progresivos sobre el nivel de ingreso de los agentes económicos individuales que son el medio más común usado por los gobiernos para reducir la desigualdad en la distribución renta.

8.15 DISTRIBUCIÓN MUNDIAL DE LA RENTA

Desde mediados principios del siglo XIX Europa occidental y Norteamérica han sido históricamente las regiones con mayor ingreso del mundo y las que han concentrado mayores recursos. Durante el siglo XX otras regiones como Japón y en menor grado Corea del Sur y algunas áreas del sudeste asiático han alcanzado niveles también altos de desarrollo económico y altos ingresos per cápita. El resto de regiones han sufrido suertes desiguales, por ejemplo, América Latina en las últimas décadas ha sufrido un descenso relativo de ingreso, y África central y meridional que partía de niveles de ingreso relativo altos en comparación otras regiones del tercer mundo ha visto empeorar su situación respecto al ingreso. La siguiente tabla contiene algunos datos comparativos. La tabla ha sido fabricada a partir de datos de Arrighi (1991, tablas II, III y IV) para el período 1938-1988 y Angus Maddison[2] para el período 2000-2003.

8.16 INCENTIVOS ECONOMICOS

Los incentivos económicos son pagos hechos por la organización a sus trabajadores (salarios, premios, beneficios sociales, oportunidades de progreso, estabilidad en el cargo, supervisión abierta, elogios, etc.), a cambio de contribuciones, cada incentivo tiene un valor de utilidad que es subjetivo, ya que varía de un individuo a otro; lo que es útil para un individuo puede ser inútil para otro. Los incentivos se llaman también alicientes, recompensas o estímulos.

Todas las personas que hacen elecciones en el margen, y sus decisiones se ven influidas por incentivos. Todo lo que hacemos incluye una decisión de hacer un poco más o un poco menos de alguna actividad. Usted puede distribuir la próxima hora entre estudiar y enviar correos electrónicos a sus amigos. Sin embargo, esta elección no es del tipo de "todo o nada". Usted tiene que decidir cuántos minutos asignar cada actividad. Para hacer esta elección, usted compara el beneficio de un poco más de estudio, con su costo: usted está haciendo una elección en el margen. La madre de un niño debe decidir cómo asignar su tiempo entre pasarlo con su hijo o trabajar para obtener un ingreso. El beneficio que surge de dedicar más tiempo a una actividad se llama beneficio marginal. Por ejemplo, suponga que una madre trabaja dos días a la semana y que está pasando en aumentar su carga de trabajo a tres días. Su beneficio marginal es el beneficio que obtendrá del día adicional de trabajo. No es el beneficio que obtiene de los tres días. La razón consiste en que ella ya tiene el beneficio de dos días de trabajo, así que no considera este beneficio como resultado de la decisión que está tomando. El costo de dedicar más tiempo a una actividad se llama costo marginal. Para la madre del niño, el costo marginal de aumentar su trabajo a tres días a la semana es el costo adicional (monetario y no monetario) de no pasar un día más con su hijo. El costo marginal no incluye el costo de los dos días que ya trabaja. Para tomar su decisión, la madre compara el beneficio marginal de un día extra de trabajo con su costo marginal. Si el beneficio marginal excede al costo marginal, ella trabajará el día extra.

Si el costo marginal excede al beneficio marginal, ella no trabajará el día extra.

Al evaluar los beneficios y costos marginales, y al elegir sólo aquellas acciones que acarrean un beneficio superior al costo, estamos utilizando nuestros recursos escasos en una forma que nos da el mayor bienestar posible. Nuestras elecciones reaccionan a incentivos. Un incentivo es un aliciente para tomar una acción en particular. El aliciente puede ser un beneficio (una zanahoria) o un costo (un garrote). En la medida en que el aliciente altere el beneficio o el costo marginal, dicho incentivo podría conducir a una modificación de nuestras decisiones. Por ejemplo, suponga que el salario diario sube y que ninguna otra cosa cambia. Con un mayor salario diario aumenta el beneficio marginal de trabajar. Para la joven madre, el costo de oportunidad de pasar un día con su hijo ha aumentado. Tiene ahora un mayor incentivo para trabajar un día extra a la semana. Que lo haga, o no, depende de cómo evalué el beneficio marginal del ingreso adicional y el costo marginal de pasar menos tiempo con su hijo. De manera similar, suponga que el costo de la guardería aumenta y que ninguna otra cosa cambia. El mayor costo de la guardería aumenta el costo marginal de trabajar. La madre tiene ahora un menor incentivo para trabajar un día extra a la semana. De nuevo, que cambie, o no, sus acciones como respuesta al cambio de incentivos, depende de cómo evalué el beneficio y el costo marginal nuevos. La idea central de la economía es que al observar que los cambios en el costo y en el beneficio marginal, podemos predecir la forma en la que cambiarán las elecciones en respuesta a cambios de los incentivos.

8.17 ESTABILIDAD ECONÓMICA

Ausencia de grandes fluctuaciones en el nivel general de precios y consiguientemente en el valor del dinero. La estabilización del nivel general de precios o contención del grado de inflación constituye uno de los principales objetivos de los programas de política económica de los gobiernos. La inflación encarece las mercancías producidas en el interior del país y abarata las que vienen de fuera, con el consiguiente perjuicio para la producción y el empleo nacionales y el equilibrio de la balanza de pagos.

COMPLIANCE; responsabilidad empresarial y cumplimiento normativo[21]

Compliance o buenas prácticas de gobierno empresarial[22], seria extraordinario, que su denominación fuera Nacional e Internacional (es decir, con cobertura hacia partidos políticos, organizaciones políticas, organismos centralizados y descentralizados, actores políticos, funcionarios públicos, empresas gubernamentales, bancos, casas de bolsa, casas de cambio, organizaciones sin fines de lucro, etc.etc. hacia todos los actores económicos, nacionales e internacionales); definición; "es un conjunto de procedimientos y buenas practicas adoptadas por las organizaciones para identificar y clasificar los riesgos operativos y legales a los que se enfrentan y establecen mecanismos internos de prevención, gestión, control y reacción frente a los mismos (GIAO, abril 2021), para lo cual se establecen los siguientes elementos a desarrollar en este esquema normativo:

Etapas en la creación y desarrollo de un equipo de Compliance.

1.- Análisis y gestión de los riesgos penales, financieros, digitales, de recursos humanos, operativos, y de información: Diagnostico de riesgos, y desarrollo de plan de acción.

2.- Definición de protocolos y procedimientos para la toma de decisiones en la organización.

---

[21] http://www.worldcomplianceassociation.com/que-es-compliance.php

[22] Actualmente, para el caso de México, se ha establecido un marco normativo en materia de Prevención al Lavado de Dinero PLV, y se avanza en materia laboral de una manera muy importante, derivado del "trabajo en casa" motivado por la pandemia del COVID-19.

3.- Código de Ética organizacional.

4.- Establecimiento de un canal de denuncia interno y régimen disciplinario.

5.- Diseño de un modelo de respuesta ante un riesgo de comisión de delito.

6.- Desarrollo e implantación de programas de implantación de formación y sensibilización.

7.- Establecimiento de un registro de evidencias.

8.-Establecimiento de un programa de auditoria y verificación periódica del plan.

Compliance es una estrategia que otorga la participación en los mercados económicos digitales y tradicionales con buenas prácticas de participación económica, ante lavado, anticorrupción, antisoborno, antifinanciamiento a paracticas terroristas, alineado a normas internacionales de sustentabilidad[23], y protección a los derechos humanos.

"El Programa de las Naciones Unidas Para el Desarrollo (PNUD), es la agencia líder de las Naciones Unidas que trabaja en 170 países y territorios para erradicar la pobreza, reducir las desigualdades y fomentar la resiliencia. Además es la agencia que encabeza los esfuerzos para la consecución de los Objetivos de Desarrollo Sustentable (ODS)", y la Iniciativa de Integridad en los Negocios (Bussines Integrity Initiative) ha desarrollado una herramienta de implementación y desarrollo de cumplimiento normativo, completamente gratuito (https://integridad.corporativa.org.mx/), orientado a las Micro Pequeñas y Medianas Empresas (MiPYMEs); en el encontramos los siguientes elementos;

---

[23] Agenda 2030 para el Desarrollo Sostenible, de Naciones Unidas, del que ha suscrito México.

* Manual para la gobernanza corporativa e integridad en los negocios.
* Guía para establecer manual de Ética.
* Guía para establecer canal de denuncia.
* Manual para diseñar una Política de recepción de regalos hospitalidad y donaciones.
* Autodiagnóstico de Integridad corporativa.

El instrumento de implementación (herramienta autodiagnóstico), está desarrollada en estricto apego a la Ley General de Responsabilidades Administrativas, Art. Del 66 al 72 en los que se contextualizan la normatividad de combate a la corrupción.

DERECHO ECONÓMICO

Entendiendo al Derecho Económico como el conjunto de normas jurídicas que dan certeza y seguridad económica a una nación, es aplicable en el contexto internacional, y por supuesto al comercio electrónico, Economía digital, no obstante, como hemos insistido a lo largo y ancho de nuestro desarrollo teorico-empirico, la realidad a desbordado todo, absolutamente todo, y particularmente al marco normativo en el ámbito jurídico; la paradoja, es que también la realidad nos desborda conceptualmente, es decir, la realidad, nos plantea la necesidad de identificar del fonómetro tecnológico, y con ello la necedad de establecer su conceptualización-definición, con ello estaríamos en condiciones de "definirlo y conceptualizarlo" con diversos objetivos, que se pudieran dimensionar, en su control normativo, medición científica, entre otros objetivos económicos, y sociales y científico-técnicos, otorgarle existencia virtual-real y normarlo, solo así, se estaríamos en condiciones de establecer normas, en general y normas jurídicas en particular. La realidad concreta (sin pleonasmo) nos exige normar la realidad tecnológica, de tal forma que se dote de certeza y seguridad a los diferentes factores de la producción participantes en los mercados económicos-digitales y reales, así, el Estado nacional, cumpliría con su función reguladora en soberanía nacional, mientras que la existencia de tribunales internacionales (gobernabilidad internacional del internet) permitirá ir en la misma dirección normativa. En este orden de ideas, el marco normativo del Derecho Económico está constituido por los siguientes elementos: a.-establecer la rectoría del Estado, en materia economía, b.- establecer normas constitucionales sobre el derecho de propiedad, c.- establecer el perfil económico predominante (planificación central, mixta, o privada), y d.- diseñar un sistema de planeación económica. Dotando de seguridad jurídica en la dinámica productiva, comercial, distributiva y de consumo nacional, así, la seguridad de inversión productiva y especulativa estará revestida de seguridad jurídica. Así, el marco normativo, también permite expedir leyes para la programación, planeación, concentración, y legislación de orden económico, regulación de la inversión extranjera, transferencia de tecnología, y la generación, difusión, y o aplicación de los conocimientos científicos y tecnológicos de crecimiento y desarrollo nacional[24]. Así, surge un interesante debate sobre la participación del Estado en la actividad económica nacional. ¿En qué medida el Estado debe participar en la actividad económica nacional[25]?, ¿cuál debe ser la función del Estado en la vida económica y social de una nación[26]?,

El sistema económico es el conjunto de estructuras, relaciones e instituciones complejas que resuelven la contradicción presente en las sociedades humanas ante las ilimitadas necesidades individuales

---

[24] El Estado debe dejar de actuar en la economía como un sujeto más del proceso de producción. Su nueva dimensión consiste en ser eminentemente regulador, en donde los individuos (sector privado) ejecutarán las actividades no solamente productivas, sino también las sociales, las culturales y de desarrollo en general que permitirán enfrentar de forma diferente los problemas del desarrollo; esta tesis, cobra un espacio de gran debate, toda vez, que existen posturas, particularmente en sud américa, en el que privilegian al Estado como un ente creador de riqueza y generador de equidad social, redistribución de la riqueza nacional a través de programas sociales, el caso de Bolivia (2000-2018) así lo demuestra.

[25] Para el caso de México, el Estado tiene a su cargo la dirección y desarrollo económico; Art. 25-27 Rectoría económica del Estado; Art. 26 planeación democrática; y Art. 25 y 26 Rectoría del Estado. La planeación democrática es entendida como una técnica que racionaliza el instrumental jurídico administrativo del gobierno federal, que coordina los esfuerzos con las entidades federativas, y concierta con los particulares y sectores sociales acciones y tareas de desarrollo económico y social en diálogo participativo.

[26] Por ello, el papel del Estado consiste en el uso de regulaciones como un instrumento al servicio de las diferentes actividades que se le encomendarán a la sociedad civil organizada en todas sus formas, y sólo quedarán en manos del Estado aquellas actividades que, por su naturaleza, y en forma excepcional, no puedan ser desarrolladas por el sector privado. Debido a esto se multiplican las experiencias organizativas no gubernamentales a nivel local. Posteriormente, este tipo de organización sirve para desarrollar acciones de carácter más global en todos los sectores de la sociedad civil, esto es, las llamadas Organizaciones no Gubernamentales (ONG), apoyadas por los siguientes elementos: a) Existencia de presiones desde abajo (activismo social, creación de sociedades civiles, movimientos de base, asociaciones vecinales y mutuales); b) Impulsos desde afuera (principalmente la Iglesia católica), las organizaciones voluntarias y las agencias internacionales de cooperación para el desarrollo, y c) Apoyo desde arriba (algunos gobiernos y líderes políticos, intelectuales y profesionales).

y colectivas, y los limitados recursos materiales disponibles para satisfacerlas. Esto es el conocido principio de escasez.

Por su parte, el sistema jurídico conforma aquel subsistema de control social que dimana del Estado en forma de normas jurídicas y disciplina al cuerpo social con base en una ideología de aceptación.

El principio de escasez, base del sistema económico, históricamente ha sido resuelto en función de tres grandes interrogantes: qué producir, cómo producir y para quién producir. De acuerdo con la respuesta que se decida dar en cada una de las preguntas, la sociedad contemporánea identifica tres sistemas económicos y, por lo tanto, jurídicos:

1. Sistema capitalista liberal (o economía de mercado);
2. Sistema colectivista socialista (o economías centralmente planificadas).
3. Sistemas mixtos duales (o economías formadas por sectores públicos y privados o descentralizados, Estado social de derecho).

El sistema capitalista o liberal resuelve las tres interrogantes así: producir lo que el mercado demande por medio de empresas privadas destinadas a consumidores que tengan poder de compra. En este sistema el Estado y el derecho se limitan a proteger el libre desenvolvimiento del orden económico privado; sus acciones son de garantía, y su técnica de actuación es de política (Estado gendarme), y subsistema jurídico individualista y privado. En cambio, el sistema colectivo o socialista responde a dichas premisas así: producir para el consumo interno, normal; producir por medio de empresas estatales inscritas en planes económicos destinados a toda la sociedad que supone, a la que garantiza consumos mínimos globales.

VISIÓN EQUEMATICA DEL DEVENIR ECONÓMICO MUNDIAL

CINCO SIGLOS DE EVOLUCIÓN.

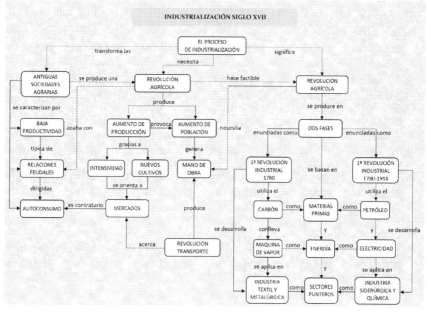

Fuente: Elaboración propia.

La primera revolución industrial, es el "culmen" del desarrollo intelectual, artístico, tecnológico y científico de la humanidad, a la que le antecede un gran proceso de producción agrícola, acompañada por aumento de la producción, uso intensivo de energéticos naturales (carbón) en su primera etapa, mientras que la segunda revolución industrial se caracteriza por el uso de energéticos intensivos en petróleo y energía eléctrica. La evolución económica, es resultado de una evolución en el uso intensivo de energéticos, la energía animal, y humana, es reemplazada por energéticos naturales no renovables,

En este proceso, se puede identificar con toda claridad, un incremento en la esperanza de vida (diversidad alimenticia, desarrollo en la medicina de salud social y personal), crecimiento demográfico, y uso intensivo de energéticos no renovables (petróleo, gas natural, y energía eléctrica).

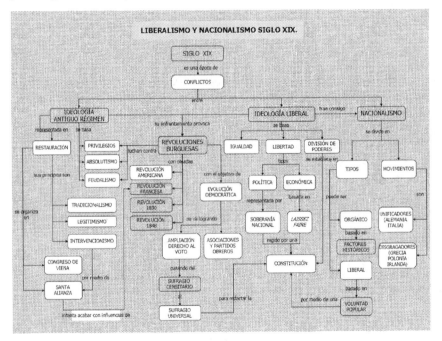

Fuente: Elaboración propia.

La ideología[27] representa, en algunos casos con toda claridad, los objetivos económicos, políticos, política económica, economía política, de un segmento de la sociedad, en su caso, muestra la diversidad del pensamiento y práctica económica. Así, la ideología, en el devenir del desarrollo social, desde el comunismo primitivo, pasando, por el esclavismo, feudalismo, en naciente capitalismo (burgos), desencadenaron, prácticas sociales humanistas y políticas, asociadas a instrumento de política económica (laissez

---

[27] Conjunto de ideas que caracterizan a una persona, escuela, colectividad, movimiento cultural, religioso, político, etcétera.(Pequeño Larousse, pág. 259)

faire), política social (sufragio efectivo), constitución de marco legal, emanado de organismos públicos oficiales.

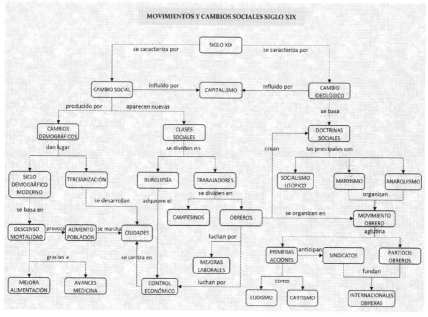

El Siglo XIX, resume, el desarrollo filosófico (Filosofía clásica alemana, con Hegel, Kant, entre otros), Economía Política Inglesa (Smith, David Ricardo, Malthus), asociado al desarrollo y aplicación tecnológica y científico (Newton, Darwin, entre otros), y sus aplicaciones industriales, y sus resultados hacia el hombre y la sociedad: explotación, inhuman ismo, inequidad en la distribución de la generación de la riqueza productiva, orientando la realidad económica, en visiones ideológicas emanadas de objetivos económicos, sociales, y políticos. Así, la visión revolucionaria burguesa, engendro a su contraparte ideológica en función de una escala social estratificada piramidal.

Así, la ideología burguesa, en su momento revolucionaria, en su práctica económica, genero las condiciones materiales, y sociales, para que naciera dos visiones ideológicas contrapuestas; Socialismo científico, y el anarquismo.

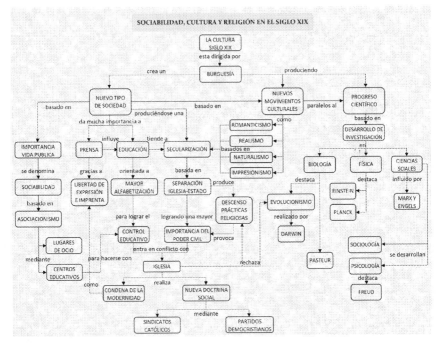

SOCIABILIDAD, CULTURA Y RELIGIÓN EN EL SIGLO XIX

Fuente: Elaboración propia.

El siglo XIX, representa en la historia de la humanidad, el descubrimiento de la identidad del ser humano, redescubriendo sus derecho individuales, y la reconfiguración a través de un tratado social, y el desarrollo científico y tecnológico, que combinados, permitieron la configuración en el desarrollo de un nuevo orden económico y social.

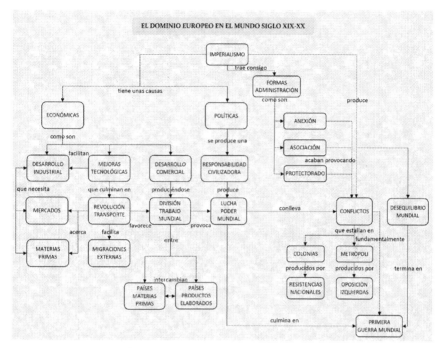

EL DOMINIO EUROPEO EN EL MUNDO SIGLO XIX-XX

Fuente: Elaboración propia.

El imperialismo, como fase superior del capitalismo, permitió reconfigurar las economías nacionales y la configuración de un orden económico mundial, caracterizado por una producción de bienes y servicios desbordantes, culminando con crisis de sobreproducción, desabocando en un conflicto bélico, la primera guerra mundial.

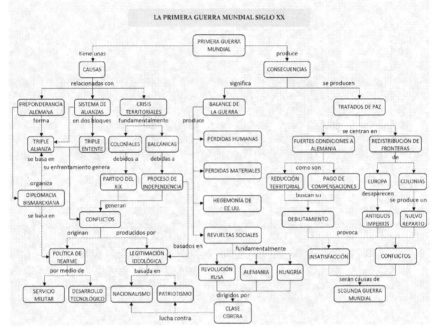

LA PRIMERA GUERRA MUNDIAL SIGLO XX

Fuente: Elaboración propia.

La preponderancia alemana con visión colonialista, orientadas por una legitimación ideológico-racista, una redistribución de fronteras geográficas, económicas y políticas, desencadeno el conflicto bélico.

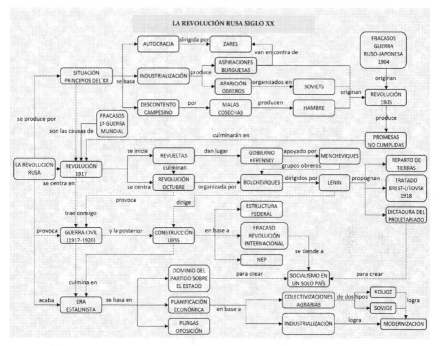

LA REVOLUCIÓN RUSA SIGLO XX

Fuente: **Elaboración propia.**

La revolución de octubre de 1917, representa la culminación del zarismo monárquico, y el ascenso de la clase popular obrera campesina al poder, atreves del partido comunista ruso. Reconfigurando la estructura económica y social del naciente estado socialista en la unión soviética.

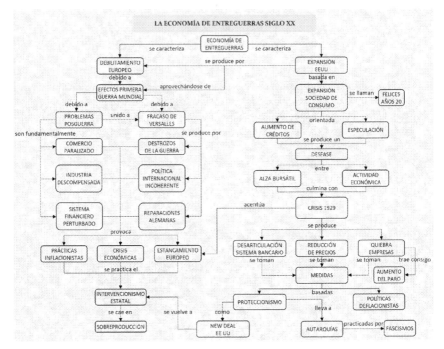

Fuente: Elaboración propia.

La economía de entreguerras, se caracteriza por la consolidación de la economía Norteamericana, y debilitamiento de las economías europeas caracterizadas por procesos inflacionarios crisis económica, y un fragrante estancamiento económico, muestras que la economía norteamericana vive procesos de expansión económica (consumo masivo), y expansión de sus principales sectores económicos, entre ellos el financiero, culminado con crisis económica, derivado de políticas proteccionistas y deflacionarias, perturbando el sistema de precios internacionales.

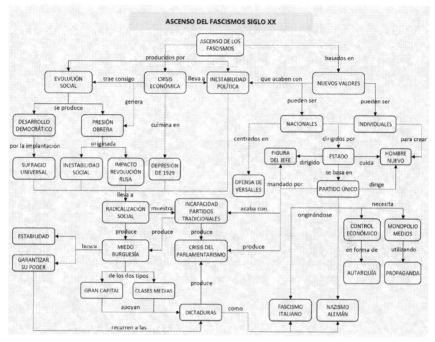

Fuente: Elaboración propia.

El fascismo, entraño, paradójicamente, desarrollo democrático, ya que se democratizo el orden social, se institucionalizo el sufragio universal, no obstante, la inestabilidad política, produjo procesos de radicalización social, desencadenando en dictaduras.

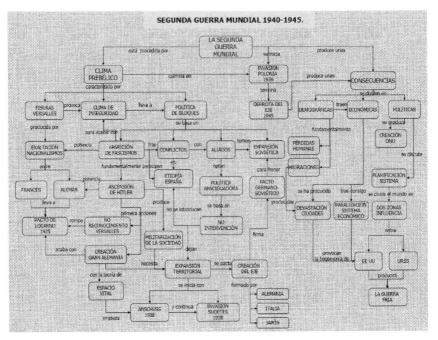

Fuente: Elaboración propia.

El nacimiento del fascismo alemán, las ambiciones expansionistas, y la configuración de un eje polito constituido por Alemania, Italia y Japón, condujeron a la segunda guerra mundial, concluyendo con la polarización geopolítica entre los Estados Unidos y la URSS.

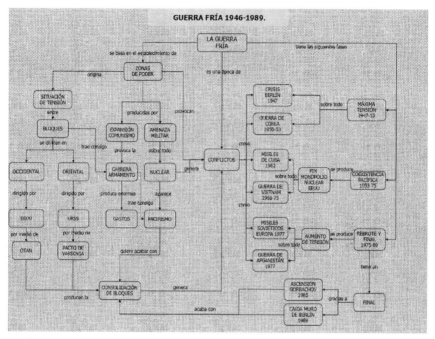

GUERRA FRÍA 1946-1989.

Fuente: Elaboración propia.

En la segunda postguerra, surgen dos grandes bloques hegemónicos en lo económico, Estados Unidos y la URSS, dimensionado una configuración geoplitico-economica definida como guerra fría, con signos de alta tensión internacional, que culmina en 1989, con la caída del muro de Berlín, y la transformación de la URSS (perestroika).

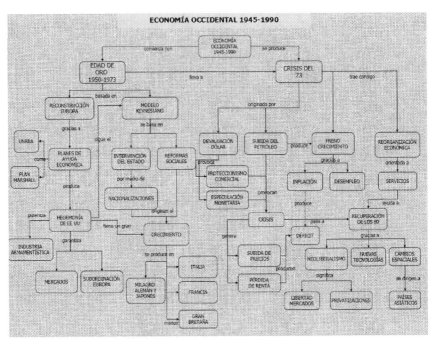

Fuente: Elaboración propia.

La economía occidental, durante este periodo (1945-1990) se caracteriza por dos etapas muy claras, crecimiento y desarrollo económico, y su segunda etapa económica, crisis del ciclo de bonanza y crecimiento, derivado de distorsiones monetarias, incremento en el precio de los energéticos, periodos de inflación galopante, y la implementación de políticas económicas neoliberales.

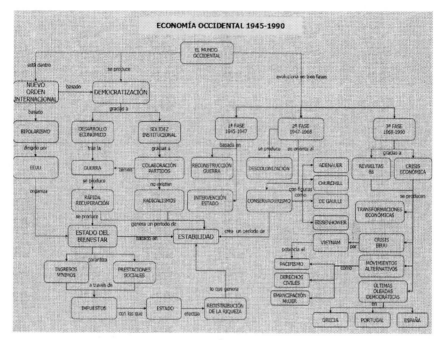

ECONOMÍA OCCIDENTAL 1945-1990

Fuente: Elaboración propia.

Podemos identificar con claridad tres etapas, o faces, de la reconfiguración de las economías occidentales; reconstrucción de los daños ocasionados por la segunda guerra mundial, proceso de descolonización, con matices conservadores, y la presencia de crisis económica, con matices de movimientos democráticos continentales.

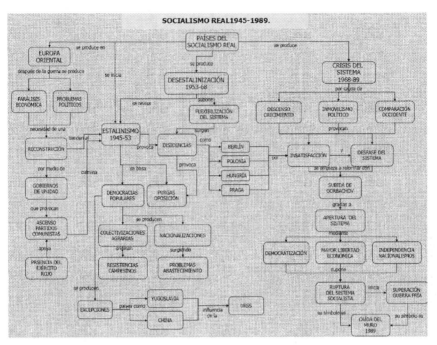

SOCIALISMO REAL 1945-1989.

Fuente: Elaboración propia.

El cambio del socialismo real, culminado con la caída del muro de Berlín en 1989 (unificación de las dos alemanas oriental, socialista, y occidental capitalista) dio inicio a la desintegración del bloque socialista RUSSO, dando inicio a la reconfiguración de una nueva reconfiguración del orden geopolítico internacional

238

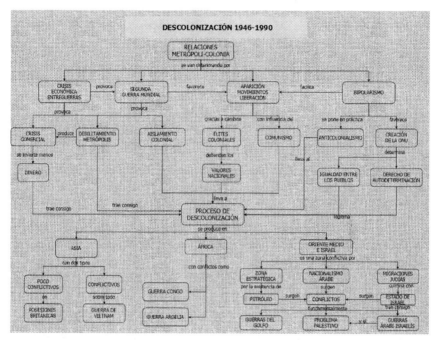

Fuente: Elaboración propia.

El proceso de descolonización es producto de la conclusión de la segunda guerra mundial y la guerra fría, permitiendo un proceso de la obtención de su libertad económica, política y social de diversos países africanos y asiáticos, así como el nacimiento exacerbarte de una zona de conflicto económico en el oriente medio, asumiendo matices de carácter religioso.

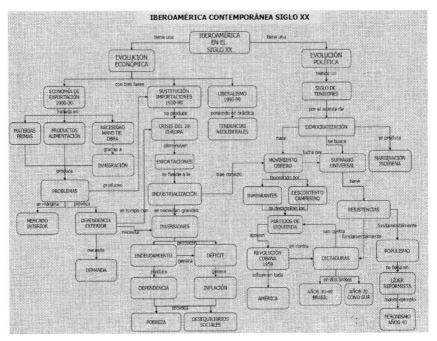

IBEROAMÉRICA CONTEMPORÁNEA SIGLO XX

Fuente: Elaboración propia.

Las economías iberoamericanas, México, Brasil, Argentina, Chile, Bolivia, principalmente, se desenvuelven en un contexto de convulsiones políticas, que originaron la creación de espacios económicos propicios para el crecimiento y desarrollo industrial.

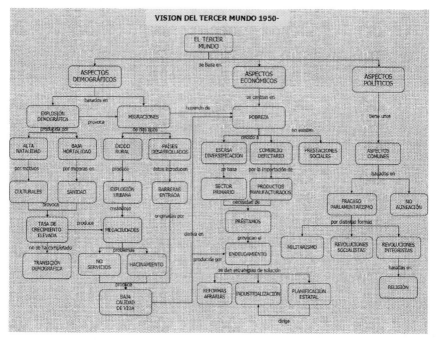

VISION DEL TERCER MUNDO 1950-

Fuente: Elaboración propia.

La mal definida y llamada economía tercermundista, se caracteriza por procesos de crecimiento demográfico, desigualdad social extrema, bajos niveles de crecimiento económico, y amplitud en la brechas de desigualdad social, común denominador, altos niveles de corrupción.

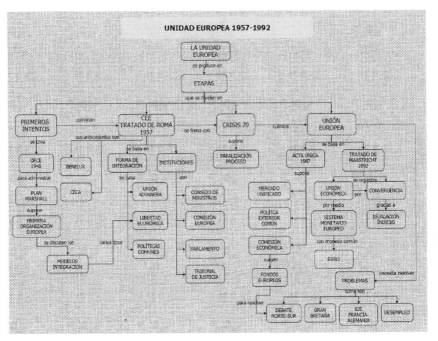

Fuente: Elaboración propia.

El proceso de políticas proteccionistas, y de hegemonía económica, incentiva procesos de integración económica, conformando, así, la Unión económica europea, conformando así, la Comunidad Económica Europea, integrada por 6 estados fundadores; Alemania, Francia, Bélgica, Italia, Luxemburgo, y Países Bajos; actualmente la unión la conforma 27 países.

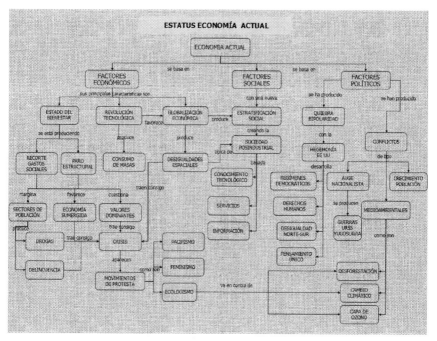

ESTATUS ECONOMÍA ACTUAL

Fuente: Elaboración propia.

En los noventas del siglo XX, en un sector de desarrollo tecnológico en los Estados Unidos, dio inicio con una nueva forma de hacer negocios, una nueva Economía, una economía que interactuara con el individuo, la empresa y el gobierno en diversas dimensiones, haciendo una economía mucho más eficiente, eficaz y competitiva, potenciando el proceso de globalización.

PILARES DE LA ECONOMÍA DIGITAL.

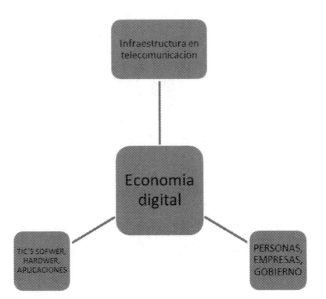

Fuente: Elaboración propia.

La economía digital, interactúa con la economía tradicional o convencional, generando con ello, mayor eficiencia y eficacia productiva, y mayor competitividad, generando con ello, procesos de crecimiento vertical, al interior de la organización, y horizontal, mayor competitividad en los diversos sectores económicos.

Es relevante señalar, que el desarrollo de políticas públicas tendientes a regular el actual entorno productivo, debe ser desarrollado considerando objetivos de crecimiento y desarrollo nacional, en contexto con acuerdos internacionales en materia de protección a los derechos humanos y desarrollo sustentable. Así, surgen diversas preguntas:¿Qué importancia tendrá un marco de gobernabilidad del internet?, ¿Qué importancia tendrá la construcción de un marco normativo, jurídico, operativo, ético, en función de la función del Estado?, ¿el carácter disruptivo de la economía digital, contribuirá a reducir la pobreza, el desempleo, la desigualdad social, y la generación de empresas sustentables?, ¿En qué medida, se protegerán las garantías individuales, la protección de la privacidad y confidencialidad de la información de las personas?, ¿En qué medida, se lograra contener el apetito feroz de los grandes capitales, por la acumulación de capital, y la tendencia en la ampliación de la desigualdad en la distribución del ingreso?.

REFLEXIÓN FINAL

Vivimos un proceso inédito en la historia de la humanidad; la *cuarta Revolución Industrial* es un presagio de una escalada revolucionaria en Tecnologías de la Información y la Comunicación (software, hardware, aplicaciones, dispositivos, conceptos tecnológicos, infraestructura, etc.) obligándonos a subirnos al vehículo del cambio tecnológico, inevitablemente, para todos aquellos que aspiran a permanecer en esta dinámica del cambio. Así, observamos la tendencia de actualizar a las nuevas generaciones de analfabetas, aquellos que ignores un segundo idioma (ingles, como básico), y el uso de los dispositivos tecnológicos (Tecnologías de la información y la comunicación). Así, la ignorancia de mayor alcance, no tiene que ver con un desempeño profesional, ni siquiera laboral, es aquel que nos dota de *conciencia medioambiental*, en esta dinámica, la raza humana, nos estamos devorando el mundo, los altos índices de contaminación (marítima, terrestre, atmosférica, subsuelo, espacial, y demás), depredación de especies animales y vegetales, deforestación de bosques, nos conducen a un destino inevitable... acabarnos la tierra y la propia vida. La acción que tenemos en nuestra vida cotidiana, inevitablemente, influye en el medio ambiente, y parte del problema económico, no está en el consumo (demanda de bienes y servicios), sino en la oferta, una oferta depredadora, sin control ni compromiso real con los17 Objetivos de Desarrollo Sostenible (ODS 2030)[28], convenidos por la ONU.

Fin a la pobreza.

Hambre cero.

Salud y bienestar.

Educación de calidad.

Igualdad de género.

Agua limpia y saneamiento.

---

[28]   https://www.un.org/sustainabledevelopment/es/sustainable-development-goals/

Energía asequible y no contaminante.

Trabajo decente y crecimiento económico.

Industria, innovación e infraestructura.

Reducción de las desigualdades.

Ciudades y comunidades sostenibles.

Producción y consumo responsable.

Acción por el clima.

Vida submarina.

Vida de ecosistemas terrestres.

Paz justicia e instituciones sólidas.

Alianza para lograr los objetivos.

Fuente: https://www.elindependiente.com/desarrollo-sostenible/2018/04/05/que-son-los-objetivos-de-desarrollo-sostenible-y-por-que-nos-conciernen-a-todos/

…no habrá ningún marco teórico y análisis económico, ni modelo económico de crecimiento y desarrollo mejor, si no parte de principios que cumplan con los Objetivos de Desarrollo Sostenible (ODS) para salvar nuestro hogar…planeta tierra.

Juárez Monter.

BIBLIOGRAFÍA

www.monografias.com. (Agosto de 2009). Recuperado Agosto de 2009

Andrès, P. C. Economia Latinoamericana.

Hall, R. H. Principios y Aplicación de Microeconomia.

http://sistemas.itlp.edu.mx/tutoriales/economia2/tema14.htm. (Agosto de 2009). Recuperado el Agosto de 2009

http://www.gestiopolis.com/canales/economia/articulos/no%2010/PIB%20-%20 PNB.htm. (Agosto de 2009). Recuperado el Agosto de 2009

José, S. M. Fundamentos de Economial.

JR., H. B. Temas De Contabilidad de Costos y toma de decisiones.

Juarez, Monter, JA. (2016) Mecanismos de defensa fiscal bajo el sistema normativo mexicano, Ed. Palibriol.

Mankiw, N. G. Principios de Economia.

Mceachern, W. A. Libro de Economia.

McEcher, W. A. Economia una Introducción.

Paschoal Rosseti, J. Introducciòn a la Economia. Oxford Mexico.

www.wikipedia.com. (Agosto de 2009). Recuperado Agosto de 2009

www.wikipedia.com. (Agosto de 2009). Recuperado Agosto de 2009, de http:// www.gratisweb.com/bsantiago/lec01/ecomomanormativavsecomaposiiva.html.

GORDON. Robert, J. (1983). Macroeconomía. Grupo editorial Iberoamérica.

Mceachern, W. A. Economía. ESTADOS UNIDOS: International Thompson Editores.

http://asgconsultores.com/diccionario/letra/d.htm (RECUPERADO AGOSTO 2009)

http://www.serfinco.com/glossary/default.asp?l=P (RECUPERADO AGOSTO 2009)

http://www.dolarpeso.com/diccionario_financiero/diccionario.php?file=p.html (RECUPERADO AGOSTO 2009)

http://es.dailyforex.com/_1078_glossary__Velocity_of_Money__Velocidad_de_circulaci%c3%b3n.aspx (RECUPERADO AGOSTO 2009)

http://www.eumed.net/cursecon/dic/V.htmhttp://es.wikipedia.org/wiki/Demanda_de_dinero (RECUPERADO AGOSTO 2009)

Mendes, J. S. Libro Problemas económicos de México.

http://es.wikipedia.org/wiki/Dinero (RECUPERADO AGOSTO 2009)

http://www.ecomur.com/creadinero.pps(RECUPERADO AGOSTO 2009)

http://es.wikipedia.org/wiki/Balance_(contabilidad) (RECUPERADO AGOSTO 2009)

http://www.monografias.com/trabajos11/bancalec/bancalec.shtml (RECUPERADO AGOSTO 2009)

http://www.monografias.com/trabajos14/mercado-bonos/mercado-bonos.shtml (RECUPERADO AGOSTO 2009)

http://es.wikipedia.org/wiki/Banco_comercial (RECUPERADO AGOSTO 2009)

http://books.google.com.mx/books?id=PhkSnK8f3o4C&pg=PA337&lpg=PA337&dq=sistemas+monetarios,+clasificacion&source=bl&ots=QymkzXLupE&sig=nJvyW

rKQtioZEThcd-gJgdtF6Vw&hl=es&ei=XUiDSqfdN-O_tgfGxtDJCg&sa=X&oi=book_result&ct=result&resnum=6#v=onepage&q=&f=false

http://univerciateoriamonetaria.blogspot.com/2008/01/politica-mometaria-tradicional-y.html (RECUPERADO AGOSTO 2009)

Robin., K. P. Introducción a la Economía "macroeconomía". Editorial Reverte.

Samuelson, N. S. "Macroeconomía con aplicaciones a Latinoamérica". Mc. Graw Hill.

GORDON. Robert, J. Macroeconomía. Grupo editorial Iberoamérica. 2nda edición. 1983.

KRUGMAN Paul/ WELLS Robín. Introducción a la Economía "macroeconomía". Editorial Reverte.

www.inegi.org.mx (RECUPERADO AGOSTO 2009)

www.wikipedia.org(RECUPERADO AGOSTO 2009)

Samuelson, Nordhaus, Salazar, Dieck, Rodrigez. "Macroeconomía con aplicaciones a Latinoamérica". ed. Mc. Graw Hill.

www.economia48.com/spa/d/desempleo-encubierto/desempleo-encubierto.htm

LOS LENGUAJES DE LA ECONOMIA, Elies Furio Blasco.

Libro Problemas económicos de México Autor: José Silvestre Mendes 5ta Edición

www.invensores.es (RECUPERADO AGOSTO 2009)

www.monografias.com(RECUPERADO AGOSTO 2009)

www.businesscol.com(RECUPERADO AGOSTO 2009)

www.economía48.com (RECUPERADO AGOSTO 2009)

www.oei.es (RECUPERADO AGOSTO 2009)

www.es.wikipedia.org(RECUPERADO AGOSTO 2009)

https://www.google.com/search?client=firefox-b-d&q=instrumnentos+juridicos+s
obre+la+politica+de+la+economia+digital+ocde+pdf

https://www.google.com/search?client=firefox-b-d&q=fundamentos+de+la+econ
omia+digital+pdf

https://www.welivesecurity.com/la-es/2018/09/04/blockchain-que-es-como-
funciona-y-como-se-esta-usando-en-el-mercado/

https://giaoanticorrupcion.mx/

**https://scielo.conicyt.cl/scielo.php?script=sci_arttext&pid=S0719-
25842019000100029** *version On-line* ISSN 0719-2584

https://www.google.com/search?client=firefox-b-d&q=que+porcentaje+represent
a+en+el+mundo+la+economia+digital+en+dolares

https://integridad.corporativa.org.mx/Iniciativa

Printed in the United States
by Baker & Taylor Publisher Services